熊澄宇 著

媒介文化的历史逻辑

四川大学出版社
SICHUAN UNIVERSITY PRESS

图书在版编目（CIP）数据

媒介文化的历史逻辑 / 熊澄宇著. -- 成都：四川大学出版社，2025.3. -- ISBN 978-7-5690-7057-6

Ⅰ.G206.2-53

中国国家版本馆 CIP 数据核字第 2024AY4499 号

书　　名：	媒介文化的历史逻辑
	Meijie Wenhua de Lishi Luoji
著　　者：	熊澄宇
出 版 人：	侯宏虹
总 策 划：	张宏辉
选题策划：	蒋　玙　毛张琳
责任编辑：	毛张琳
责任校对：	张伊伊
装帧设计：	墨创文化
责任印制：	李金兰
出版发行：	四川大学出版社有限责任公司
	地址：成都市一环路南一段24号（610065）
	电话：（028）85408311（发行部）、85400276（总编室）
	电子邮箱：scupress@vip.163.com
	网址：https://press.scu.edu.cn
印前制作：	四川胜翔数码印务设计有限公司
印刷装订：	四川煤田地质制图印务有限责任公司
成品尺寸：	170 mm×240 mm
印　　张：	12.5
字　　数：	196 千字
版　　次：	2025 年 3 月 第 1 版
印　　次：	2025 年 3 月 第 1 次印刷
定　　价：	68.00 元

本社图书如有印装质量问题，请联系发行部调换

版权所有 ◆ 侵权必究

扫码获取数字资源

四川大学出版社
微信公众号

目录

第一章 岩画：史前中国岩画叙事的传播模式、机制与功能   1
    引　言   3
    第一节 元媒介与图像叙事：史前岩画叙事的媒介属性
          与传播模式   6
    第二节 文化仪式与经验框架：史前岩画叙事的传播原理
          与机制   11
    第三节 社群交往：史前岩画的传播动力和信仰表征   13
    结　语   16

第二章 夏陶：论陶器的交往特性   19
    引　言   21
    第一节 陶器：一种交往媒介   22
    第二节 陶器交往特性的表现形式   25
    第三节 陶器交往特性的本质内驱力   29
    结　语   31

第三章 商铜：商代青铜器的媒介性与文化传播   33
    引　言   35
    第一节 商代青铜器的媒介性   37
    第二节 商代青铜器的媒介实践   43
    第三节 青铜器媒介属性的复合性及其影响   46
    结　语   49

第四章　周漆：两周时期漆器文化的交流与传播　　51
　　引　言　　53
　　第一节　周代漆器工艺的特征与发展　　53
　　第二节　周代漆器文化的交流与融合　　59
　　结　语　　63

第五章　秦泥封：媒介视角的多重身份解读　　65
　　引　言　　67
　　第一节　泥封、封检与护封　　69
　　第二节　中国泥封发展的阶段性特征　　69
　　第三节　媒介视角下秦泥封的多重身份　　75
　　结　语　　83

第六章　汉墓：文化于媒，礼入于法　　85
　　引　言　　87
　　第一节　媒介化：分析汉代社会治理的新视角　　87
　　第二节　汉代墓葬作为治理性媒介的功能属性　　90
　　第三节　汉代墓葬媒介化治理的运行逻辑　　94
　　结　语　　100

第七章　汉瓦：作为文化向心媒介的汉代瓦当　　103
　　引　言　　105
　　第一节　汉代瓦当的媒介"可供性"　　106
　　第二节　媒介偏向：时空并重　　108

第三节　作为文化向心媒介的汉代瓦当　　　109
　　　结　语　　　113

第八章　唐碑：碑刻技艺与唐代知识生产传播　　　115
　　　引　言　　　117
　　　第一节　碑刻相关研究　　　119
　　　第二节　人、物与交通：唐代碑刻鼎盛的物质技术条件　　　122
　　　第三节　基于碑刻的知识生产与传播　　　124
　　　第四节　承前启后：唐碑在知识传播中的作用与问题　　　129

第九章　宋版：雕版印刷、类书与宋代的知识生产与传播　　　133
　　　引　言　　　135
　　　第一节　从复印技术到基础设施：雕版印刷技术的创新
　　　　　　　与传播　　　137
　　　第二节　类书兴盛背后的媒介生态图景　　　140
　　　第三节　雕版印刷技术对宋代类书的形塑作用　　　142
　　　结　语　　　144

第十章　元画：元代文人画的媒介样态与传播功能　　　147
　　　引　言　　　149
　　　第一节　以画为媒：元代文人画的媒介形制与图式　　　149
　　　第二节　借画传意：元代文人画家群体的身份构建
　　　　　　　与社会交往　　　152
　　　第三节　文画传承：元代文人画中的意象传承与文化传播　　　156

第十一章 明印：明印在文人交往中的文化传播功能   159
   引　言   161
   第一节　闲章：文人书画中的明印   161
   第二节　边款：明印的文化传播实践   163
   第三节　以印为媒：围绕明印展开的文人交往   165
   结　语   168

第十二章 清瓷：中外文化风尚交流互鉴   171
   引　言   173
   第一节　清代外销瓷的发展与衰落   174
   第二节　清代外销瓷的文化维度剖析   175
   第三节　中外文化风尚交流互鉴研究   179

参考文献   186

后　记   191

第一章
岩画：史前中国岩画叙事的传播模式、机制与功能

引 言

岩画，英文"rock art"，译自德语"Felskunst"一词，19世纪成为一个专业用语，又称石头画、崖画、岩石艺术等。由于历史悠久，岩画又被称为留在岩石上的"史记"。岩画是人类文字产生以前的作品，是在未经人工修整的自然洞窟、崖壁石阴或在露天单个的巨石上进行绘刻、雕制而成的艺术品。[1] 这一定义全面涵盖了"岩画的时代、载体、技法和性质"。[2] 众所周知，人类历史划分为史前史和文明史。史前史即没有文字记载的历史，主要存在于考古发现。

本章的研究对象"岩画"是限定于史前时期的，也即新石器时代之前。考古学家汤惠生在《中国岩画传奇》[3] 一文中论述了中国的岩画分布：北方以内蒙古、宁夏、甘肃、江苏等地的岩画为主[4]；而南方迥然不同，以有色涂料涂绘，且多居于洞内，分布在云贵高原及其周边；西方主要分布在青藏高原或河西走廊西北侧。由于同一地区的岩画也有史前和史后之分，本章在选择"史前岩画"案例时经过了资料核对，以确保论证的说服力。

意大利学者阿纳蒂（Emmanuel Anati）认为："岩画作为一种记录方式，它的一部分理据性在于：就在500年前，五大洲上仍然有一部分人还在使用岩画作为主要记录手段，并且这种模式已经持续了5000年。"[5] 但他也曾指出，在世界上还未形成关于岩画研究的科学方法论。自19世纪下半叶西班牙阿尔塔米拉洞窟发现以来，不断有岩画被发现，学界的争论也因此从未断过。世界岩画的研究开始较早，有学者认为岩画成为独立的学科可以追溯到1988年的达尔文会议。我国据说是世界上最早发现并记录岩画的国家。公元5世纪，郦道元在《水经注》中记述了大量岩画。"江水又东，迳狼尾滩，而历人滩……人滩

---

[1] 陈兆复、邢琏：《外国岩画发现史》，上海人民出版社，1993年，第7—8页。
[2] 朱媛：《中国岩画审美之维》，上海人民出版社，2013年，第10页。
[3] 汤惠生：《中国岩画传奇》，《中国教育报》2010年，第1—6页。
[4] 汤惠生认为，北方岩画主要分为动物、狩猎、放牧和人面形四种。其中，人面形岩画多产生于新石器时代晚期。
[5] 阿纳蒂：《世界岩画·原始语言》，宁夏人民出版社，2017年，第1页。

水至俊俏，南岸有青石，夏没冬出，其石嵌崟，数十步中，悉作人面形，或大或小，其分明者，须发皆具，因名曰'人滩'也。"对此，考古学家盖山林先生统计了共有八处刀、剑、人面等记载。① 近代国内学者对岩画的研究始于1915年岭南大学黄仲琴先生对福建某岩刻的调查，后来国外考察团相继来我国内蒙古、新疆、西藏等地考察，1949年后，盖山林、汪宁生、苏北海、李祥石、王克荣、邱钟仑、汤惠生、张亚莎等人做出了卓越贡献。其中，陈兆复先生为中国岩画走向世界的开路先锋，代表作有《中国史前岩画》《中国岩画考察记》。1991年在宁夏银川召开了国际岩画委员会年会，中国岩画研究开始走向繁荣。

还有不少学者从不同学科的角度对史前岩画的叙事进行研究。目前已有岩画研究主要从考古学、艺术学、文化人类学、传播学、图像符号学、文献学等多角度多路径展开研究。

第一，从整体性考古学考察视角，对中国岩画的基本面貌与艺术风格进行了论述。比如，宁克平与陈兆复先生指出了中国岩画具有写实、装饰、象征三种风格，并探究了原始先民的精神世界。盖山林提出了战胜自然论，冯军胜提出阴山岩画的游戏论，汤惠生提出二元对立思维论。隋立民在《原始岩画的叙事画语特征》中关注岩画的整体叙事问题等。

第二，对某类岩画文化内涵与意义的分析。如陈兆复在论文《被时间镌刻的"牛"文化》中，探讨了岩画中"牛"符号文化的传承。陈依佳、赵君曼两人在《解析左江花山岩画的祭祀场面》一文中，对其祭祀图案进行了文化内涵分析，主要为蛙崇拜。② 陈嘉在《广西左江岩画与稻作文化》中分析了左江岩画与稻作文化的关联。娜仁高娃在《新疆地区先秦时期考古发现的"鹿"形象探讨》中认为鹿具有生殖崇拜、祖先崇拜、财富象征等意义。周怀洋在《曼德拉山岩画骆驼群象》一文中考察了阿拉善骆驼岩画的造型艺术与意义。高启安在《中国大北方弧形带岩画中的尖顶帽人》中对帽子进行溯源。蓝凡在《中

---

① 盖山林：《中国岩画学》，书目文献出版社，1995年，第27—29页。
② 中国社会科学院哲学研究所何成轩在《祈福避祸的"符法"：花山岩画的符号意义和社会功能》一文中对蛙崇拜提出了质疑，并进一步提出"法符"说。

国岩画舞蹈新论》中概括了三种岩画舞的形式：战争、生殖崇拜与太阳崇拜。隋安在《中国岩画中的人面像特征分析》中概括了五种人面像的特征。庞颖等在《最早的羌人形象图——姜窝子沟岩画双人舞蹈图像初探》中提出，景泰县姜窝子沟岩画中的双人舞蹈图像，应该是最早的羌人形象图。

第三，对岩画的艺术学研究的合理性进行讨论。岩画究竟是巫术活动的附属品，毫无审美可言，还是具有审美之维呢？巫术岩画本身是不是一种艺术？

第四，对中国岩画起源的探讨。户晓辉在《岩画与生殖巫术》中强调岩画巫术起源论。巫术有丰产巫术、狩猎巫术、生殖巫术等。朱媛论述了中国岩画的起源论说法，包括一元论起源（为艺术而艺术论，米森的狩猎信息论，马沙克的季节符号论等）。

第五，从图像学与考古学角度，进行区域比较与文化溯源研究。如肖波《从对顶三角形看新疆与中亚地区的史前文化交流》、宋耀良的《人面形岩画的图像特征与类型》、荀爱平的《贺兰山人面岩画的图像学研究》。

第六，从图像学、考古学、古典文献学等角度解读某地岩画的情况或阐释某一形象。一般围绕当地的研究现状、基本的技术风格与文化意义进行分类概括与解读。比如，杨海兰《从图像学角度解析花山岩画中祭祀场面》，胡鹏程《单一与丰富——再谈宁明花山岩画的图像形态》，梁雪纯《广西花山岩画的图像创作研究》，张明学、吴柄铄《花山岩画中骆越先民原始宗教信仰与仪式探赜》，吴正彪《多重证据法与贵州岩画的文化解读》，陈国芳、赵铁《红山原始岩画的艺术风格探究》，张晓丽等《黑龙江流域岩画的研究现状和艺术特色》，赵艳芳《呼伦贝尔大兴安岭彩绘岩画》，张文静《内蒙古岩画的分布与特征》，石鑫《阴山岩刻中符号的形式与含义》。

第七，对岩画的构图与艺术风格进行分析。如毕继敏在《延伸视觉，强化叙事——原始岩画中"链式"构图的特点与功能研究》中总结了岩画的"链式"构图法，隋立民在《原始崇仰语境下岩画图式秩序》一文中以"有序性空间"予以回应支持。

第八，对二级文化开发的探究，如钱聪在《基于文化符号视角下阴山岩画表情包应用研究》一文中关注了岩画的二次传播问题。

第九，从考古技术的角度进行研究，探讨当时的岩画绘制技术与材料等。

综上，基于媒介与传播视角进行岩画研究的学者非常少，仅崔林在《史前图像的媒介特性——媒介形态视野下的岩画研究》一文中从人类符号传播起点入手，认为史前岩画在时间上具有跨越性意义，功能上以记录仿真为目的，以非语言符号为构成形式，岩画的媒介载体与环境传递大量信息。[①]

在以上这些研究中，尤其是考古学、人类学、艺术学等方面的研究为我们提供了很多史前时代关于岩画叙事的实例。这些实例折射出了原始部落先民认知事物、传递信息、表达思想、交流情感的传播观念和传播行为特征，是原始族群社会交往的重要形式之一。我们认为，史前岩画作为一种最古老的叙事模式，本质上是一种元媒介，建构了一种文化的元语言。可以说，通过岩画这种元媒介，更多信息得以记载、传播，更多情感得以展示，史前岩画成为原始部落交往的重要媒介技术。那么，史前岩画具体包含怎样的信息传播过程，史前先祖们如何通过岩画叙事进行交往互动？基于以上思考，本章尝试从媒介学、传播学、符号学的角度，对这一特殊的传播方式进行意义考察，以此探讨文字媒介产生之前岩画符号传播行为的内在逻辑。鉴于存留下来的史前岩画并不多，我们只能更多基于现有文献材料对史前岩画叙事进行考察。

第一节 元媒介与图像叙事：
史前岩画叙事的媒介属性与传播模式

史前人类为了生活，发展出制造工具、建房、哺育、狩猎等各种技能。史前文化多为口头文化，一般不会留下文字。但岩画这种古老的媒介方式，却为我们了解史前文化提供了重要的证据和资料。宋耀良认为："据目前的研究，岩画比彩陶、青铜、甲骨文等出现的年代都早，分布的区域更广，流播的时间

[①] 崔林：《史前图像的媒介特性——媒介形态视野下的岩画研究》，《中国新闻传播研究》2016年第2期，第93—100页。

也长，内涵更丰富。它是中国史前文化传播、宗教发生、艺术起源、文字形成等研究中极珍贵的资料。"[1] 我们必须承认先民理解或对待自然的方式，[2] 那意味着，如今的文化也是从远古文化发展而来的，一脉同源。

一、史前岩画：一种元媒介

约翰·费斯克将传播学划分为注重效果研究的"过程学派"与注重意义研究的"符号学派"，前者侧重信息交流与传递，后者强调意义生成与表达。对此，胡易容先生认为，传播符号学既关注信息传递，又重视意义研究[3]，笔者赞同并沿用其视角。从符号传播学路径出发，将史前岩画视作一种信息活动以探索史前社会的文化内容，又把其视作一种叙事符号以挖掘其传播的历时与共时意义。在传播符号学学理基础上，我们把"史前岩画"看作一种元媒介，其实是有很大风险的。

这需要回到"元媒介"词义本身来考究。国内学者赵星植认为，较之于"新媒介"概念"始终处于变动比较之中"，"元媒介"概念更清晰稳定，其指向的是"关于媒介的媒介"，通俗言之，元媒介是对先前媒介内容的再现。由是观之，赵星植直接把"元媒介"看作基于互联网与人工智能的各种新传播平台，理由是它们可以容纳文字、音频、视频等各种元素，具有极强的整合性。[4] 把元媒介看作一种万能的互联网媒介忽略了一个重要问题：下一级媒介能把上级媒介全部整合吗？从内容上看似乎可以，互联网终端再现一切，万物皆容；但回到形式，比如印刷媒介的阅读审美体验是严谨理性的，而电视画面却是发散感性的，互联网趋向后者，即电视机永远无法代替印刷品，而印刷品也无法替代电视，这是因为受众的审美体验与其媒介形式是捆绑在一起的。金惠敏先生在《技术与感性——在麦克卢汉、海森伯和庄子之间的互文性阐释》一文中提到，技术本

---

[1] 宋耀良：《中国·史前神格·人面岩画》，上海人民出版社，2015年，第18页。
[2] 戴维·林德伯格：《西方科学的起源》，张卜天译，商务印书馆，2020年，第6页。
[3] 胡易容：《传播研究的符号学范式、流派及观念》，《内蒙古社会科学》2020年第6期，第181—188页。
[4] 赵星植：《论元媒介时代的符号传播及其特性》，《四川大学学报（哲学社会科学版）》2017年第3期，第82—88页。

身是感性的，而感性是整体存在的，如同庄子所说的"抱瓮出灌"一般，无法把理性的技术工具和其负载的人文感性经验完全割裂对待。① 尽管，限于思考浅薄，笔者还未能提出新的定义，但这一质疑希冀给学界提供一些思考。

回到本文，我们从线性的时间序列"解构"了"元媒介"概念，不妨接着反向思考：上一媒介能否整合下一媒介呢？无论是按照麦克卢汉"媒介即信息"的观点，还是保罗·莱文森"人性化演进"的思路，媒介都是不断往前进化的。但是，倘若从某些局部的角度看，比如叙事层面，我们会发现，岩画这一媒介实际上提供了比印刷媒介更生动形象、比绘画更系统复杂、比互联网更真实可靠的功能效用。如此看来，把史前岩画视作"元媒介"自然是情理之中的事情了。再多说一句，"元"乃是"上层"与"超越"之意②，以后视镜来看，史前岩画作为一种元传播或元媒介，至少具有三点理据性：其一，从时间上来说，史前岩画是早期史前人类最主要的社会文化传播手段；其二，就空间而言，岩画在世界分布范围广泛，是一种普遍化的媒介载体；其三，综合前两者从形式看，史前岩画的图像叙事功能与当今的视觉图像文化遥相呼应，可以说是关于图像的"图像"，是"图像"的"祖先"。尚杰在《图像暨影像哲学研究》一书中提到了"元图像"的概念，他认为元图像就是自身的图像，自身就是原型，从而否定了模仿的价值。③ 进一步说，元图像不存在相似关系。从此角度来说，史前岩画因其独特的造型艺术以及所处的地理环境，不像文字或影像一般可以随意复制，其所呈现的线条、色彩、形状等无法与其他事物完全相像，因此更贴合元媒介的内涵。

二、以画叙事：图像符号的信息传播模式

林德伯格在《西方科学的起源》一书中提道："要对史前社

---

① 金惠敏：《技术与感性——在麦克卢汉、海森伯和庄子之间的互文性阐释》，《文艺理论研究》2015年第1期，第84—97页。
② 胡易容：《论图式语符的元媒介悖论》，《中国图书评论》2013年第8期，第19—22页。
③ 尚杰：《图像暨影像哲学研究》，中国社会科学出版社，2016年，第155页。

会的思想文化进行研究,关键在于理解交流过程。"① 沿着林德伯格的思路,要想把握史前社会的交流过程,就必须把握其信息传播模式。熊澄宇认为,如烽火、结绳等都算是史前媒介。林凯、谢清果在《重返部落化:结绳记事的传播模式、机理与功能探赜》② 一文中详细分析了结绳的传播规律,这使笔者深受启发。无论如何,就传播的内容丰富度以及影响力而言,烽火与结绳等媒介远不如岩画。比如,从信息传播的层面看,史前岩画描绘了巫术求雨、动物狩猎、畜牧采摘、图像崇拜、舞蹈战争等诸多画面,生动而丰富,是其他早期媒介无法比拟的。

毋庸置疑,图像叙事在前文字时代就已形成了。"以物象表意与表达,从来都是人类文明传承的一种内在方式,如果我们注意石器时代的陶器与岩画,青铜时代的青铜纹饰,就会发现,视觉表达是一种古老传统。"③ 从物象转向图像记事经历了漫长过程,体现了早期人类的审美因子,包含了人类的质朴思想。而且,"图像叙事更容易克服时空的局限性,而进入更加自由化的表达状态"④。应该说,相比于彩陶,岩画时间上更早,因此可以断言:史前岩画就是前文字时代图像叙事的萌芽开端。沈冠东认为,前文字时代的图像叙事是早期人类的宏大叙事⑤,为此他援引罗晓明等人在《山崖上的图像叙事:贵州古代岩画的文化释读》一文中的观点予以说明,"史前图像叙事首先是一套符号体系,其次乃是一套解释系统,最后是一种审美系统"。

首先,史前岩画作为一套符号体系。在岩画创作中,远古人类将不同的线条组合起来,并通过对现实的描绘、想象进行艺术作品的加工,从而传达与记录事实信息。贡布里希在《秩序感》一书中认为岩画研究中的符号图形是最令人费解与着迷的东西之一。另据

---

① 戴维·林德伯格:《西方科学的起源》,张天卜译,商务印书馆,2020年,第8页。
② 林凯、谢清果:《重返部落化:结绳记事的传播模式、机理与功能探赜》,《国际新闻界》2021年第2期,第159—176页。
③ 徐杰舜:《视觉人类学与图像时代——中山大学邓启耀教授访谈录》,《民族论坛》2015年第3期,第40—49页。
④ 邓启耀:《物象的图像化及符号转型:载以岩画的创制和解读为例》,《民族艺术》2015年第5期,第33页。
⑤ 沈冠东:《叙事语言与时空表达》,江苏大学出版社,2018年,第17页。

不完全统计，目前世界岩画数据库记录了2000万个图像，现今所知的史前艺术作品几乎全部是岩画。① 以阴山岩画为例，阴山岩画题材极为丰富，有动物、人物、飞禽，其中数量最多、凿刻最精美的是动物岩画，有山羊、绵羊、盘羊、羚羊、岩羊、麋鹿、马、骡、驴、牛、野牛、龟、野猪、兔、狐狸、蛇、狼、虎、豹等；人物的活动有狩猎、乘骑、放牧、舞蹈、征战、巫师作法、交媾以及男根女阴、手足印、蹄印、帐篷、车辆、日月星辰、圆穴、大量的符号、标记等。这些岩画图像符号构成了庞大的符号体系，几乎覆盖了原始社会日常生活的方方面面。

其次，史前岩画作为一套解释系统。在赵毅衡看来，符号是携带意义的感知，意义不在场才需要符号。因此，岩画符号的背后折射的是原始社会人们的观念与意义世界。索绪尔在《普通语言学教程》一书中谈道，语言符号具有任意性，一旦我们考虑说话者，语言在时间上就难以持续②，因此，岩画符号本质上属于非语言符号，其能指与所指之间具有紧密的联系与指向性。这就说明，每一个独一无二的岩画符号都指向了唯一对应的意象，从而对应、指涉与建构了一个宏观的、有一定规律的符号社会。

最后，史前岩画作为一种审美系统。由是观之，这一庞大的符号意义体系构筑成了一道原始的艺术景观。在黑格尔看来，靠着自由性，美的艺术方才晋升为真正的艺术，也唯有当艺术成为表现人类深刻的心灵旨趣时，艺术才尽其最高之职。③ 而且，他认为"在艺术作品中各民族留下了他们的见解和思想，美的艺术对于了解这真理和宗教往往是一个钥匙，而且对某些民族来说，也许是唯一的钥匙"④。显然，岩画是一种审美艺术，或者说，从审美艺术的角度理解岩画可以解读出大量的信息。

由此，我们从元媒介与图像符号入手，逐渐理解到史前岩

---

① 崔林：《史前图像的媒介特性——媒介形态视野下的岩画研究》，《中国新闻传播研究》2016年第2期，第93—100页。
② 费尔迪南·德·索绪尔：《普通语言学教程》，刘丽译，中国社会科学出版社，2009年，第99页。
③ 黑格尔：《美学》，朱光潜译，商务印书馆，2019年，第10页。
④ 黑格尔：《美学》，朱光潜译，商务印书馆，2019年，第10页。

画所具有的独特的信息传播模式，一言以蔽之，在原始社会，人们借由岩画符号对现实世界与精神世界予以刻涂、描摹与意义解释，从而为后人留下丰富宝贵的美学信息和思想瑰宝。

第二节　文化仪式与经验框架：史前岩画叙事的传播原理与机制

前文提到，作为一种非语言符号，史前岩画符号具有强烈的社会现实指向，因此，我们可以借助这些"真实"的符号，窥视原始人的精神维度。不像现代消费社会中充满了"欺骗性"的"影像符号"，物与符的意义关系紧张，那些更加质朴的岩画符号传达着原始人最高层级的"心灵密码"。

一、史前岩画：作为一种社会文化的传播仪式

在《作为文化的传播》一书的序言中，亚当如是解读他对凯瑞思想的理解："在他眼中，世界首先是而且最主要是词语的世界（a world of words）。人类创造符号用来架构、传播思想与意图，用这样的符号来设计实践、事物与知识机构。换言之，他们利用符号以建构一个可以共同生活的文化。"[①] 我想，凯瑞至少表达了两重意思：第一，共同的符号形成共同的文化，共同的文化需求推动共同符号的形成；第二，在史前社会没有文字符号的背景下，以岩画符号为代表的图像非语言符号意义重大。在此基础上，凯瑞把符号或者技术与文化合二为一，乃至于把技术描述为文化产物。相比于传输观（transmission），凯瑞更倾向于传递观（ritual）[②]，他认为后者将传播看作共同信仰的表征。由是观之，史前岩画符号似乎也与之贴合，史前社会中还未形成国家政权，人与人之间相对平等，是出于某种生存的共同信仰凝聚在一起。马斯洛把人的需求理论分为生理、安全、社会、尊重和自我实现五个层次，对于远古人类来说，保证基本的食物充足，在险恶的丛林里活

[①] 在书的序言部分，斯图亚特·亚当宣称整理了凯瑞的谈话录音，并认为，在凯瑞看来，"生命就是一场交流"。参见詹姆斯·凯瑞：《作为文化的传播》，丁未译，中国人民大学出版社，2019年，序言第6页。

[②] 完整的英文是"a transmission view of communication"和"a ritual view of communication"。

下来，与此同时感受到同伴的交流与善意，以上前三项似乎需求更加强烈。因此，从文化、符号与传播的关系来看，史前岩画图像符号表征了一种基于共同信仰的社会传播仪式。

例如，在甘肃发现的姜窝子沟①双人舞蹈图，便是典型的仪式化符号。庞颖等人在《最早的羌人形象图——姜窝子沟岩画双人舞蹈图像初探》一文中认为，图中人物或为一男一女，或为巫觋舞蹈图②，相似的图案在内蒙古巴丹吉林沙漠也有出现。显然，从人物装饰与佩持的"法器"看，其所代表的符号意义并非个人化的叙事，而是某种仪式化的社会景观，在当时可能是整个部落或群体为之瞩目的社会文化活动。尽管我们还无法完全精准地判断这是巫术过程还是舞蹈形式，但从人物之间的互动来看，交流必定是最重要的主题。按照凯瑞"生命乃是一种伟大的交流"的观点，交流即是仪式，仪式也是一种传播，是一种基于社会互动与关系维系的传播行为。

这种仪式化的图像符号传播在后代也有影响。从史前文明过渡到人类文字文明史，岩画所承载的图像叙事与仪式化意义并没有完全断裂，比如从西周开始就十分流行的画像砖，主要使用于墓室壁画，这就使图像具备了某种神秘色彩。

二、史前岩画：以"经验框架"叙事来传递信息与交流情感

"和置身于现代科学文化中的我们一样，史前人类显然也需要解释原则，从而给看似随机和混乱的事件之流带来秩序、统一性，尤其是意义。"③ 在寻求意义的过程中，经验框架成为史前人类生存、交往乃至一切行事开展的底层逻辑，然而，以口头文化为核心的史前文化，无法将经验经由文字固定下来，而以图像叙事为表现手段的岩画则成为传达信息、总结认知与经验记录传承的最佳载体。

---

① 因年代过于久远，姜窝子沟岩画还未有确定的时间推测，有专家大致判断为至少 6000 年前，属于史前岩画范围。
② 在《说文解字》中，女为巫，男为觋。
③ 戴维·林德伯格：《西方科学的起源》，张卜天译，商务印书馆，2020 年，第 10 页。

从经验框架出发，岩画克服了时空的自然维度的局限性，能够通过占用一定的地理空间，把信息镌刻在岩石上，使得后人可以了解到前人所历之事。英尼斯在《传播的偏向》一书中提出了两种偏向的媒介，"偏向时间的媒介，易于保存；偏向空间的，易于传输"[①]。由此来看，岩画则是偏向于时间的媒介，讲述着远古先祖们涤荡人心的故事。例如，有学者引用《论艺术——没有地址的信》中的案例，用以说明这种跨越时间的神奇"对话"：德国人在巴西河岸看到岩画的"鱼"符号，从而按图索骥，捕捉到了鱼。于是，古老岩画中的符号成了真正的"指示符"，起到了真实的信息传播效果。

第一，"舞蹈"岩画。比如，作为"记事"的舞蹈岩画的呈现，就是初民生活观察的结果。第二，"动植物"岩画。他们将青蛙、鱼类、葫芦等动植物的形状或动作刻绘到岩石上，表达某种象征崇拜。在贺兰山口发现的大量"羊"符号，包括羊角符号、羊形面具等，皆是源自人们日常生活。第三，"畜牧"与"射猎"岩画。大麦地岩画中有关于初民放牧与射猎的场景图，生动再现了史前人类生活的画面。可以说，先民们的岩画记录几乎都是根据实际经验的叙事表达，能指与所指之间具有深刻而紧密的关联，从而体现了某种象征的目的。通过对共同符号的默认、接受与传播、再造，先民们借助无声的岩画实现了情感的维系与交流，同时也完成了最基本的目的——传递信息。

第三节 社群交往：史前岩画的传播动力和信仰表征

历史交往是属于哲学范畴的概念，指的是贯穿于人类历史演化过程中的全部社会性行为。作为一种实践活动，交往活动是伴随生产实践产生的。王新中从交往理论出发，考察了史前人类交往的种种问题。他认为，史前氏族之间的交往都具有神圣的性质，人的交往经常变成了人与神灵和崇拜物的交往。[②] 在史前社会，人们以画为

[①] 哈罗德·英尼斯：《传播的偏向》，何道宽译，中国传媒大学出版社，2013年。
[②] 王新中：《论史前人类的历史交往》，《西北大学学报（哲学社会科学版）》2000年第4期，第111—116页。

媒，形成彼此身份的确认，推动社会文化传播，并衍生出巫文化，作为当时史前先祖的信仰表征。这一巫术思想，反映了人们对当时宇宙、自然的本体认识论观念，并逐渐成为一种文化元语言，融入到文化发展之中。

一、以画为媒：作为身份认同的想象"共同体"

在人类学家那里，人类制造工具意味着人类文明的开始，这是一个外在的判定标准。但是，从内在省视，人类何时具有"人情味"呢？学者聂庆璞认为，其取决于人类是否有了自己的"心境"——原始的本能语言，开始建立起与自身不同的主客体二元的外在世界。[①] 但有一点可以断言：当史前人类可以描绘岩画时，开始认知外在事物、关注自我时，"心境"定然就已经产生了。

其一是手拉手舞蹈体现共同体思想。在安德森看来，共同体是靠着想象性联结起来的。我们穷其一生也无法认识到一个民族的每一个人，但我们靠着想象却可以实现彼此认同。[②] 在史前社会，人类的时空观是非常有限的，人的寿命也是如此，要完成生命精神的维系、彼此身份的认同、文化精神思想的传承，通过图像符号记录下来是较好的选择。在史前岩画舞蹈中，我们发现手拉手的舞蹈十分有趣，他们共同围成一个圈，人与人之间形成了更深刻的联结。

这种颇具特色的手拉手舞蹈符号似乎已经成为部分民族的传统。《新唐书·礼乐志》记载："又有《葱岭西曲》，士女踏歌为队。"清代倪蜕《滇小记》有载男女手连手，回旋跳舞为乐。直到今天，一些少数民族仍有这样的传统。弗雷泽在《金枝》一书中写道："在孟加拉的奥昂人和蒙达人中，到了火苗移种的时候，一堆男女青年到树林里去……第二天早上，男女青年手挽手，围着因果树站成一个大圆圈跳舞。"[③] 因此，手拉手连臂

[①] 聂庆璞：《媒介嬗变中的文明演进》，王岳川主编《媒介哲学》，河南大学出版社，2004年，第190页。
[②] 本尼迪克特·安德森：《想象的共同体——民族主义地起源与散布》，吴叡人译，上海人民出版社，2016年，第101页。
[③] 弗雷泽：《金枝》，汪培基等译，商务印书馆，2012年，第499页。

也是一个具有跨文化属性的符号现象。

其二是作为早期文化流动与融合的见证。比如，史前岩画中出现的蹲踞式人物，在西藏①、青海、广西等多地都有出现。而且，此符号在全世界范围的岩画中也有体现，并且出现在陶器、青铜器、剪纸等各种各样的媒介载体上。据历史研究，人类早期文明中的三神（地神、生殖神、祖先神）都是此种形象。此外，岩画中的动物符号也能体现这一思想，比如西藏地区没有老虎，但是在《西藏岩画艺术史》中就出现了虎的形象②，这就说明地区之间很可能发生了某种文化交流。中原或其他地区的人们来到西藏后，以岩画形式回忆并记录了"虎"符号。

二、史前信仰：岩画中的巫术文化

马林诺夫斯基说过："无论怎样的原始民族，都有宗教和巫术。"《说文解字》载："巫，巫祝也，女能事无形，以舞降神者也。"通过《说文解字》，我们发现"巫"这一角色其实充当了与天地沟通的媒介。说到底，巫是人与鬼神沟通与交往的中介，是一种符号媒介，表达了史前人类的信仰文化。

例如，在史前狩猎岩画中，我们注意到，动物既是猎杀的对象，也是远古人类敬畏的对象。此复杂的心态导致了岩画审美艺术符号象征解读的复杂性。据说，先民在捕猎前都要举行仪式，以保证有所收获、安全归来，归猎后还要举行慰灵活动，以求得猎物宽恕。此外，狩猎农耕社会的人们由于缺乏对自然规律的认知，往往会通过巫术的方式乞求获得神灵垂悯。比如，在河南的具茨山岩画中，有一幅"曝巫与祈雨图"，画面中巫赤裸身体在太阳下曝晒，并被焚烧，以求死后上天实现与神灵沟通。《左传·僖公二十一年》载："夏，天大旱，公欲焚巫尪……"描述的正是这一远古的"传统习俗"。

除了狩猎与祈雨，岩画中也出现大量的生殖崇拜符号。弓箭常被视为一种跨文化的性行为象征物，孙新周将其看作一种性巫术的符号，隐喻两性的交媾。③《礼记·月令》记载："天子亲往，后妃帅

---

① 西藏岩画主要在距今1000—3000年前，大致符合本章所见"史前"的范围。
② 郭毅：《论西藏岩画的媒介生态学意义》，《兰州学刊》2009年第1期，第21—23页。
③ 孙新周：《中国原始艺术符号的文化破译》，中央民族大学出版社，1998年，第7—8页。

九嫔御，乃礼天子所御……授以弓矢于高禖之前。"由此可看出，天子授予弓箭的仪式象征着男女交媾。在内蒙古阴山岩画中，有一幅"猎人图"：画面中的猎人左手持弓，无箭，孙新周认为："'弓'是女阴的代表，恰对阴茎。"夸张勃起的男根是男性生殖力的强化，是箭的象征。紧接着，孙新周认为，称该幅图为"猎人"其实并未完全表达其象征意义，他援引克拉莫尔在《苏美尔神话》中"作为太阳神的阿波罗也是以身佩弓箭为标志"以及中国的后羿也是"善射好色"两个例子，说明"猎人图"也可能是太阳神崇拜或生殖崇拜。①

从更广泛的意义来说，源于原始思维的趋同性，巫术也是一种跨文化的文化。弗雷泽在《金枝》一书中提出一个观点：人类历史经历了从巫术统治到宗教，再到科学的阶段。② 因此，有人把巫术看作史前人类社会的"科学"。"史前文化倾向于把原因人格化和个性化，认为事情所以发生是因为它们被期望如此。"③ 在此层面上看，巫术也是一种因果论，只不过如今看来并不科学而已。但我们不应该期望史前人类也会接受我们类似的解释原则："由于缺乏任何'自然律'和决定论的因果机制观念，他们对因果关系的看法远远超出了现代科学所承认的那种机械或物理的作用"。④

结　语

作为一种元图像或元媒介，史前岩画符号承载了大量的文化信息，在人类早期文明发展史上具有独特的社会功能。在前人研究的基础上，本文从时间跨度、空间广度、图像符号形式三个层面，建构了史前岩画作为元媒介（图像）的底层逻辑，

---

① 孙新周：《中国原始艺术符号的文化破译》，中央民族大学出版社，1998年，第11—12页。
② 弗雷泽：《金枝》，汪培基等译，商务印书馆，2012年。
③ 戴维·林德伯格：《西方科学的起源》，张卜天译，商务印书馆，2020年，第10页。
④ 戴维·林德伯格：《西方科学的起源》，张卜天译，商务印书馆，2020年，第10页。

并进一步从图像符号叙事的角度分析了原始社会信息的传播模式。在生存被视为第一要义的远古时期，岩画符号成为早期人类共同表达信仰和物质精神诉求的集体象征，更发展成为一种集体社会文化的传播仪式。初民们根据生活经验框架，把内心诉求与交流需要投诸岩画符号。在手拉手的舞蹈中，人们实现了更广泛的身份认同，在大量的巫术文化符号中，史前人类的信仰得到充分表达。

第二章
夏陶：论陶器的交往特性

引　言

　　旧石器时代晚期，人类发明了陶器。根据考古资料，目前已知世界上最早的陶制雕塑是1925年在捷克下维斯特尼采地区发现的格拉维特文化小雕像：维斯特尼采爱神，制作年代为公元前29000—前25000年。而中国最早的陶制容器是2012年发现于江西仙人洞文化的陶器罐碎片，年代为前20000—前19000年。由此可见，陶器在远古人类的社会生活中就已扮演了重要角色。

　　陶器的研究具有重大意义，考古学家、人类学家及历史学家可以借此探究当时社会的组织、经济及文化发展的情况，推断古人的日常生活、宗教、社区关系、世界观、宇宙观，等等。因此对陶器的研究就是一种考古学、历史学、人类学、社会学等多方面学科的交叉研究。而目前对于夏朝陶器的研究主要集中在以下几方面：

　　冯先铭《中国陶瓷》第三章第一节介绍了二里头文化早期的陶器种类、功能、纹饰、成型技术等。[1] 秦小丽《中国初期国家形成的考古学研究——陶器研究的新视角》以二里头文化的陶器为主，从陶器地域间的交流出发来分析初期国家的形成。[2] 段天璟《二里头文化时期的中国》从陶器的器型、特征和性质等方面研究夏朝时期的陶器，以此勾勒出了二里头文化时期诸考古学文化之间的碰撞、交流、吸收、融合和变迁的历史图景。[3] 朱君孝《陶器·技术·文化交流：以二里头文化为中心的探索》一书主要围绕二里头文化的陶器产地、陶器制作工艺、二里头文化与周边文化交流三个方面，以化学成分分析和物理结构分析为依据，进行陶器产地研究，揭示了聚落内部组织结构和聚落之间、区域之间的关系，探寻了二里头文化与夏代国家形成的动力。[4]

　　研究夏朝陶器的论文大致可分为三类：第一类是关于夏朝陶器

---

[1] 冯先铭：《中国陶瓷》，上海古籍出版社，2001年。
[2] 秦小丽：《中国初期国家形成的考古学研究——陶器研究的新视角》，复旦大学出版社，2017年。
[3] 段天璟：《二里头文化时期的中国》，社会科学文献出版社，2014年。
[4] 朱君孝：《陶器·技术·文化交流：以二里头文化为中心的探索》，中国社会科学出版社，2020年。

的考古学研究。夏朝陶器的考古学研究重视研究陶器的形态、组合这一类现象，目的是通过它们的变化情况来进行文化分期、分区和文化间相互关系的研究，即以类型学为主要手段的考古学文化研究。第二类是夏朝陶器的美学研究。夏代陶器造型浑厚沉稳，写实与抽象并存，细节部分注重仿生，同时造型简洁多变，注重实用性、审美性与礼仪性的结合。纹饰上主要为绳纹、篮纹和附加堆纹，还杂有一些极富想象力的动物纹乃至文字刻符，深化了陶器深层的审美意蕴，反映了当时人们的审美观念。第三类是夏朝陶器文化交流研究。不同地区文化的交流与融合贯穿于中国古代历史发展的各个时期，而中国古代文明多元一体格局的形成则与文化之间的交流与融合密切相关。这一点就体现在陶器上，许多学者都从不同角度对夏代某一地域的陶器与周边地域存在的紧密和频繁的交往进行了论证。

迄今为止，除了上述对夏朝陶器的考古学、美学、文化交流等层面的研究以外，很少有人从传播学的角度来对陶器进行研究和分析，更不用说夏朝这一特定时期的陶器。从上述对夏朝陶器文化交流方面研究的文献梳理可以看出，夏朝陶器的传播与交流早已被纳入学者的研究视野了，只是大都是从社会文化层面、考古层面去探讨，而没有单独从传播交流的角度去系统分析，所以本章拟从传播交流的角度去探讨夏朝时期的陶器，研究的时间范围是夏朝（公元前2070—前1600年），空间范围以二里头遗址为代表的中原地区和以齐家文化为代表的北方地区为主，但又不仅局限于考古学上的这两种文化，在这一时间和空间范围内可能还会包含其他考古学文化，比如马家窑文化晚期马厂类型文化、四坝文化等，以此来分析陶器本身作为一种传播媒介如何在当时的社会生活中发挥交往功能，进而尝试对其背后的运作机制作一探讨。

第一节　陶器：一种交往媒介

麦克卢汉在《理解媒介：论人的延伸》一书中提出了"媒

介是人体的延伸"的观点。在《麦克卢汉精粹》的中译本序中，作序者根据麦克卢汉的媒介概念推导出一个宽泛的媒介定义："媒介是人的一切外化、延伸、产出，一句话，媒介是人的一切文化。""狭窄地定义，媒介仅限于起中介作用的空间或中介物，可以是材料、工具等很具体的东西。宽泛地定义，媒介是一种社会实践，比如书写媒介明确包括作者和读者，绘画媒介包括画家和观众，也许还有画廊、收藏家和博物馆等。这个居中空间的弹性非常之大，外边界是可扩展的，模糊不清的。"[①] 如果我们把媒介理解为使双方或多方的人或事物发生联系的各种中介和社会实践，那么陶器必然是一种媒介；同时陶器作为人类创造性发明的一种产出，是新石器时代的文化产物，在这个意义上它也是一种媒介，那么这种媒介也必然是对人体的一种延伸。在麦克卢汉看来一切媒介均是人的延伸，一切技术都是媒介，都是身体和神经系统增加力量和速度的延伸，是人体和心灵的技术延伸。那么陶器理应也是一种"人体和心灵的技术延伸"。随着大量考古学遗存中的陶器挖掘，我们可以看到大量的人形陶塑和动物形陶塑，甚至还有一些抽象符号，它们都更进一步体现出了陶器对于人的一种"人体和心灵的技术化"延伸。

陶器作为一种媒介，有自己独特的表现形式，具体体现在以下三个方面。

一、陶器是对人体形象的技术化延伸

陶器对人体形象的技术化延伸主要体现为以人体为原型的形塑陶器。原始先民通过把人体的部分器官或者人的整体形象形塑于器物上，在某种程度上实现了人的形象与人的身体的脱离，这样也就实现了对人的整个形象的延伸。目前出土的陶器中，体现此类技术化延伸的器物媒介有甘肃礼县高寺出土的齐家文化红陶人头像、宁夏回族自治区海原县采集的齐家文化人首塑、青海乐都柳湾出土的马家窑文化马厂类型浮雕裸体人像彩陶壶、青海民和山城遗址出土的马厂类型人头像彩陶壶、火烧沟遗址出土的齐家文化人形彩陶罐、

---

① 埃里克·麦克卢汉、弗兰格·秦格龙：《麦克卢汉精粹》，何道宽译，南京大学出版社，2000年，第8页。

玉门地区出土的四坝文化人形陶罐、甘肃镇原出土的齐家文化人头形器陶盖钮、马家窑文化马厂类型人头形彩陶器盖。

二、陶器是对动物形象的技术化延伸

陶器除对人体形象进行了一种技术化延伸，还通过对动物形象的再加工形成了一种对动物形象的技术化延伸。原始先民根据现有的动物形象创造出自然界并不存在的动物形象，比如"龙"。在某种意义上，陶器上的动物形象其实是对人脑的功能延伸的外在表征，因为人脑中的形象只能在个体头脑中存在，而把它以技术化的形式表现在一种媒介载体上，就可以和其他的个体和族群共享这一形象。以下陶器上刻画的动物形象就很好地体现了这一点：甘肃玉门火烧沟遗址出土的手纹羊头柄方形陶杯、三狗纽盖彩陶方鼎，青海省西宁湟中县地区齐家文化出土的蛇纹双耳彩陶罐，甘肃天水的齐家文化出土的兽形灰陶盉、三兽足单耳陶罐、素陶鸭型壶、红陶刻画纹鸟形器，河南省偃师二里头文化出土的象鼻盉、陶堆塑龙纹透底器、陶蟾蜍、陶龟、陶鳖。

三、陶器是对抽象符号的技术化延伸

除了上述对人体形象的技术化延伸和对动物形象的技术化延伸，陶器的媒介延伸还体现在对抽象符号的技术化延伸上。有些学者认为，这些在陶器上的抽象符号是原始文字的雏形。对于原始先民来说，这些符号产生之初也仅仅是为了做记号或者描述外在世界的某些事物，那么这些抽象符号在很大程度上就是对当时的人和物的抽象描述，其本身也成为一种技术化延伸。二里头文化器物上的刻画符号，可以分为两大类：一类是略为复杂的动物形象，偏于写实，"形象有龙、鸟、鱼、乌龟、蛇及其他不明动物形象，多为容器烧制之前刻画形成"，如二里头遗址出土的蛇形龙纹陶片、鱼形纹；另一类多是用纵线、横线刻画的符号，相对简单，偏于抽象，这类"符号多见于大口尊的口沿内壁"，"均为烧成之后以锐器刻画形成"。其中有些应起着标记的作用，如在公共场合使用时以便于互相区分；有些很可能就是早期文字，分别表现数字、植物、建筑、器具以及自然现象等。① 如二里头遗址出土的陶器刻划符号表、符号"一"、符号"二"、符号"三"、符号"五"、符号"六"、符号"八"、符号"十"、箭镞型符号、陶尊上的"酉"形符号、陶尊上的"封"形符号、"卜"形符号等。

第二节 陶器交往特性的表现形式

"人既不完全是天使，也不完全是野兽，他们的信息交流行为证明他们完全是人。信息交流渗透到我们所做的一切事情之中，它是形成人类关系的材料，是流经人类全部历史的水流，不断延伸着我们的感觉。"② 陶器作为一种媒介，它最重要的功能是要为人提供一种手段，促进人的交流，实现人的交往，作为人的延伸而不断发展。在这一过程中最重要的一环是充分发挥它的交往功能，只有当陶器的交往功能得到充分发挥，它才能在最大程度上实现对人的延伸。

一、陶器"从无到有"创造过程中的人内交往

1845年，德国哲学家卡·施米特在他的著作《唯一者及其所有物》中提出一个命题：思想家在开始思想时，说话者在开始说话时，歌唱者在开始唱歌时，必须从无中创造自身。针对这样的认识，马克思和恩格斯指出："断言我'从无中'把我自己例如作为'说话者'创造出来，这是绝对不正确的。这里作为基础的'无'其实是多种多样的某物，即现实的个人、他的语言器官、生理发育的一定阶段、现存的语言和它的方言、能听的耳朵以及从中能听到些什么的人周围的环境，等等。"③ 陶器"从无到有"的创造过程中，"无"其实也包含了多种多样的事物，如可以用于制陶的黏土、水、火等，同时还需要人类的观察、想象与创造能力，这些都包含在"无"中。

---

① 参见中国社会科学院陶器研究所：《二里头考古六十年》，中国社会科学出版社，2019年，第350页。
② 陈力丹：《精神交往论——马克思恩格斯的传播观》，中国人民大学出版社，2016年，题记。
③ 陈力丹：《精神交往论——马克思恩格斯的传播观》，中国人民大学出版社，2016年，第7页。

关于陶器的产生有不同的说法，大致可以归结为三种：其一，根据对原始先民遗址的考古发现，在其居住的半地穴式房屋中央有个火烧过后的土坑，考古学家推测土坑可能是原始先民存放火种的地方，最后土坑演化成了土罐，土罐在保存火种时受到高温的炙烤，有一部分变成了陶，人类发现陶这种物质具有耐高温、防水、硬度高等特性，便开始摸索制作陶器，因此陶器的产生可能是出于保存火种的需要；其二，人们将黏土捏制成容器并在太阳下晾晒，意外的火灾导致容器变硬，最后人们得出使土变硬的方法，制作出陶器；其三，很多研究者认为原始先民在烹煮食物时，将竹藤编制的篮筐表面涂满泥土，发现其在阳光下晾干后可防水且不容易被烧毁，这种土锅是陶器最原始的形式。① 恩格斯在《家庭、私有制和国家的起源》中描述了他对陶器起源的认识："陶器的起源都是由于在编制的或木制容器上涂黏土使之能够耐火而产生的。"② 但是迄今为止还没有明确的考古学证据证明陶器是如何产生的。

"人内传播具有典型的系统性，这主要表现在人体本身就是一个完整的信息系统，它既有接收装置（感官系统），也有处理装置（记忆、思维系统），又有输出装置（发声、动作等的表达器官及控制这些器官的肌肉神经）。"③ 陶器作为一种传播媒介，它的诞生建立在人内传播之上。从陶器的几种起源假说可以看出，发明陶器的这一过程首先是人类的接收装置即感官系统接收到了外界的土、水、火以及事物的形状、特点等物质基础，然后人的大脑开始进行一定程度的处理，如凭借大脑的记忆功能在脑海中再现这些物质，然后又充分发挥人的想象力、思维能力对其进行再次加工，这时可能就有了一个简单的原始陶器的模式，接下来人开始调动自己的肌肉神经，也就是去表达、去输出，在实践过程中不断地再现自己头脑中的形象，直到最后诞生了世界上第一个陶器。

---

① 庞倩：《陶器即媒介：对史前陶器文明的另一种诠释》，兰州大学硕士学位论文，2015年。
② 《马克思恩格斯选集》第4卷，人民出版社，2012年，第19页。
③ 郭庆光：《传播学教程》，中国人民大学出版社，2011年，第67页。

马克思说："人以一种全面的方式，也就是说，作为一个完整的人，占有自己的全面的本质。人同世界的任何一种人的关系——视觉、听觉、嗅觉、味觉、触觉、思维、直观、感觉、愿望、活动、爱，——总之，他的个体的一切器官，……通过自己的对象性关系，即通过自己同对象的关系而占有对象。"① 人通过对感觉系统占有的物质材料——土、水、火等进而占有了陶器这一外在对象，从而将人内传播的结果最终外化了出来，也就是说陶器从一开始就带有人内传播的烙印。

二、陶器从"我"到"他"传播过程中的人际交往

陶器被生产出来以后必然要经历一个流通和被接纳的过程，也就是陶器的初始传播过程，在这一过程中首先伴随着人与人之间的交往。从创造过程中的人内传播到此时的人际交往，陶器开始了社会化的过程。

罗杰斯的《创新的扩散》一书中认为，扩散的实质是个人通过信息交换将一个新方法传播给一个或多个他人的过程，"是一种社会变化，可以被定义为社会系统的结构和功能发生变化的过程"②。这里的扩散过程其实就是传播过程，传播渠道指的是信息从一个个体传向另一个个体的手段，人际关系渠道可以让一个人接受一项创新，这一渠道就包括两个个体面对面地交换信息。"传播的信息是有关一个新的观念，而观念之新奇度赋予扩散一种特质，新意味着扩散中含有某种程度上的不确定因素"，而"信息又是减少不确定性的一个手段"③，在这个层面上，一项新发明最开始的传播就在自身所蕴含的这一矛盾中辩证发展：一方面信息以其"新"的不确定性阻碍了人们对它的接受；另一方面又恰好是这种新信息在某种程度上克服了这种不确定性，就是在这种不确定性的产生和克服之中，一项新发明走上了自己的传播之路。而群体内部最初的人际交往是陶器在产生之后流通的第一个环节，它是陶器这一媒介的群体间交往环节的基础，我们不能忽略这一基础环节

---

① 《马克思恩格斯全集》第42卷，人民出版社，1974年，第123—124页。
② 罗杰斯：《创新的扩散》，中央编译出版社，2002年，第6页。
③ 罗杰斯：《创新的扩散》，中央编译出版社，2002年，第6页。

而直接进入下一环节。

在这个过程中,新信息又会"以多种形式存在,作为某种物质,或是某种能量"①,而具体到陶器这一新发明中,这一信息既以作为物质存在的陶器来体现,又以陶器这一物质背后体现出的民族精神能量来体现。

在群体内部的传播中,一对个体之间信息交换关系的性质决定了在什么条件下知情方会将该创新传播给未知方,以及传播的效果。一个明显规律是新方法的传播最有可能发生在相似的两个人之间。在自由选择条件下,如果个体能够与许多人相互影响,那么他一定会选择与他最接近的那一个。据此,有理由假设当世界上第一个陶器被生产出来时,它的创造者一定是和第一个接受陶器这一物品的人进行了人际交往,然后这项新物品才在人际圈子中逐渐扩散开来,并集合群体的智慧不断演化更新,这样承载着每个不同群体的特征和文化的陶器才开始在一个族群内部流传,并在这个过程中不断受到这个族群本身的特质和文化影响,进而变成这个族群文化和特质的一部分。对族群内部来说,它是自身精神外化的产物,是族群精神特性内部自我交往的中介,也即精神和实在之间的媒介。

三、陶器从有到优过程中的群体交往

作为产品的陶器,一旦完成生产并被其他个体接受后,就不仅仅局限于群体内部的人际交往了,还会走向群体交往。因为人是社会的人,这种关系的缔结随时都有可能让陶器在不同的人群之间流通。流通渠道大致可以分为三类。第一是通婚,婚姻关系的缔结使得陶器在社区之间流动,同时还让制作陶器的主力——女性随着姻亲关系而在社区之间移动,带动技术的流通。第二是物物交换,或者是用石器、骨器来交换陶器,或者是不同陶器交换,促进陶器的革新,并引发陶器在不同人群、地区之间的流通与交往。第三是战争,战争虽然血腥残暴,却也是不同人群之间的交往形式之一。由战争带来的陶器流通可

---

① 罗杰斯:《创新的扩散》,中央编译出版社,2002年,第6页。

能是获取自对方阵营的战利品，也可能是获取战俘为自己生产陶器，从而间接促进陶器的流通与交往。

考古发现一个遗址内往往有非本地产的外来系陶器，这些陶器反映了陶器制作者有着某种不同地域间的社会性关联，反映了陶器的交往现象。

夏商时期关中地区所见花边口沿陶器就是在与周边地区的文化交流中不断改进而成的。二里头文化中花边口沿圆腹罐应该是从西北地区传入的，在二里头青铜文明崛起的过程中，齐家文化的技术输出起到了重要的作用。二里头文化中陶器的传播表明这个区域内存在紧密联系的氏族集团，相邻氏族集团通过交流共享陶器文化及制作技术，因此形成了二里头类型这一相同的陶器文化。

陶器就是在这样的群体交往中加速了自身的迭代更新，形成了不同的陶器种类和多样的陶器风格，而多元的陶器文化借以形成发展的基础和动力在最深层次的原因上却又是一致的，就像是在同一个太阳的照耀下，每滴露珠都会折射出不同的色彩，这在某种意义上也是中华文明在源头上的多元一体的表现。

第三节　陶器交往特性的本质内驱力

一、交往的需要促进陶器的产生

人的需要具体可以分为三种类型：生存需要、安全需要、精神需要。人要生存，首先要从自然环境中获得食物，这一获取食物的过程就需要人对自身和环境有一定程度的认识，无论是获取外界信息，还是和同类之间交换信息，都要建立在交往的基础上。除了要从自然环境中获得生存资源以外，人还要防范其他动物的攻击，不至于沦为其他动物的食物，而在力量和速度方面人往往是弱小的，那么就需要和同伴进行合作，保证自己的生命安全。从这一角度来看，人际交往对早期人的生存是具有重要作用的。

除了生存需要和安全需要，人们亦需要精神交往，寻求心理平衡。这种交往的典型表现是神话的传播及与神话相联系的巫术、原始宗教的传播等。神话的性质就如马克思所说："任何神话都是用想象和借助想象以征服自然力，支配自然力，把自然力加以形象化。"①

那么陶器具体是如何体现人的这三种需要的呢？首先陶器的耐火性和密封性使人类可以更方便地获取熟食，陶器的储存功能为人们创造了定居的条件。此外，陶器的器型和功能以及纹饰甚至符号的变化都某种程度上满足了原始先民的精神需要，比如表达情感和精神诉求。

二、交往的需要背后的四个因素

社会需要是从社会生产和交换中产生的，社会的生产力和生产结构决定着社会需要，而另一方面社会需要的变化又会影响生产力和生产结构的变化，比如社会需要的扩大会带动生产力和生产结构的变化和革新（如图2-1所示）。

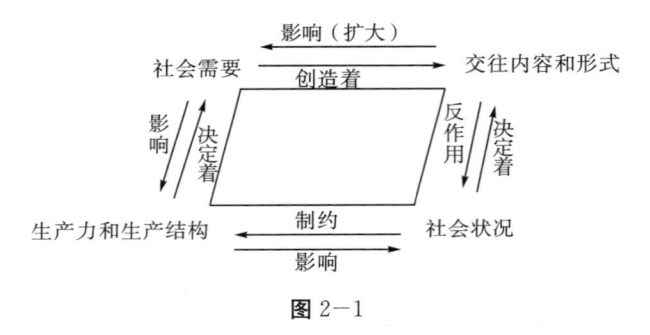

```
              影响（扩大）
社会需要 ←─────────────→ 交往内容和形式
        │    创造着    │
     影│ │决          反│ │决
     响│ │定          作│ │定
        │ │着          用│ │着
        ↓ ↓            ↓ ↓
生产力和生产结构 ←──制约── 社会状况
              ──影响──→
```

图 2-1

从社会需要与交往内容和形式这二者的关系来看，社会需要创造着交往内容和形式，它作为一种内在动因，对交往的内容和形式的变化起着十分重要的作用，而社会需要是受生产制约的，所以要发展交往就得发展生产力。同时交往内容和形式的变化又会对社会需要产生影响，比如当人们以陶器为主要媒介进行交往的时候，就会对陶器产生很大的社会需要，社会需要又会带动生产发展等，产生一系列连锁反应。

从交往内容和形式与社会状况这二者的关系来看，一方面，

---

① 《马克思恩格斯选集》第2卷，人民出版社，1995年，第29页。

社会状况决定着交往内容和形式，即使在同一个国家，具体的环境、交往策略的差别也会影响交往的内容和形式。另一方面，交往的内容和形式也在某种程度上反作用于社会状况。

从生产力和生产结构与社会状况的关系来看，社会状况制约生产力和生产结构，生产力和生产结构影响社会状况。社会状况对生产力的制约很大部分体现在当时的社会环境、人们的精神发展水平、交往状况等多方面。当社会状况变化并带动社会需要变化，比如扩大社会需要后，就会对生产力产生反作用，促使其与新的社会需要相适应，从而又产生新的交往内容和形式，而新的交往内容和形式又会反作用于社会状况，缓慢带动人们精神交往的变化，即社会意识的变化，从而带动社会状况变化，由此形成一个循环，社会就是这样不断往前发展。这一循环背后涉及的四个因素构成了一个平行四边形的顶点，每一个因素的变动就会带动其他三个因素变动，它不是一个稳定的结构，而是在不断变化发展。

这一平行四边形结构就是潜藏在"陶器"这一交往媒介背后的深层结构，由此我们便可以理解陶器作为当时人们的传播媒介或交往媒介，何以在需要的内驱力的带动下表现出媒介的具体交往特性，从这个角度我们也能够更加深刻地理解陶器的媒介特性。

结　语

本章从传播学的角度出发论证了夏朝陶器是当时社会的一种交往媒介，这种媒介是作为对人类心灵和技术的一种延伸而发挥作用的。作为一种媒介，陶器对人体的延伸主要体现在以下三个方面：其一，陶器是一种对人体形象的技术化延伸；其二，陶器是一种对动物形象的技术化延伸；其三，陶器是一种对抽象符号的技术延伸。同时，作为一种交往媒介，陶器具有典型的交往特性，而这种交往特性主要体现在陶器产生过程中的人内交往，传播过程中的人际交往和群体交往。陶器所拥有的交往特性的本质内驱力是人类的需要，这一需要背后又涉及当时的社会状况、生产力和生产结构。

透过陶器这样一个小小的器物媒介本身我们就能洞悉人类交往的发展、社会的进步，从而可以看出媒介的进步是如何在物质层面和精神层面不断推动人类社会进步的。从这样的发展过程中，我们也可以看到现代社会的媒介革新是如何带动社会进步、催生出新的时代文明，以及新的交往媒介又是如何改变人类的交往形式的。

第三章

商铜：商代青铜器的媒介性与文化传播

引　言

　　从人类文明史来看，当人类开始大规模制造与使用青铜器时，人类文明就已经进入了更高阶段。从青铜器使用史来看，现代考古研究表明，两河流域是人类最早使用青铜器的地区，时间大约是在公元前4000年，这标志着人类从石器时代发展到青铜时代。世界几大主要文明发源地进入青铜时代的时间并不同步，最早是两河流域，随后是古埃及和欧洲，古埃及大约是在公元前3150—前2200年，而欧洲大约是在公元前3000—前2500年。中国大约是在公元前2000年进入青铜器时代的，尽管从时间上来看不是最早的，但是中国的青铜器文化在世界上独树一帜。学者李学勤认为，从质量上说，中国青铜器制作精美，具有高度的艺术和科技水准；就数量而言，中国青铜器品类众多。[1] 贝格立也认为，古代中国的青铜铸造作坊组织之严密、规模之庞大也为古代世界的其他地区所不及。[2]

　　相较于世界上其他国家和地区，我国的青铜器有两个显著的特点：一是铸刻有铭文，并在社会传播、文化传播中发挥媒介的作用；二是作为礼器的青铜器占据着相当大的比例，其既参与建构中国古代的礼乐制度，也是礼乐制度得以推行的主要媒介形式。不论是基于何种特点，青铜器在中国文化中是作为一种文化传播的媒介而存在并发挥作用的。总体而言，作为一种文化传播的媒介，较长时段、较大规模的使用青铜器以调整社会关系、政治秩序，使得在我国存在一个"传播史上的青铜时代"。[3] 这个时代以商周时期为主体，存续时段大约为公元前2000—前500年。据《商周青铜器铭文暨图像集成》[4]，至今流传下来的、有铭文的商周青铜器已达16704件，铭文为20449幅，而没有铭文的青铜器更是数十倍于此。据毕秀洁研究，至今流传下来的、保存在国内外的商代有铭文的青铜器共有

---

[1] 李学勤：《青铜器入门》，商务印书馆，2013年，第4页。
[2] 罗伯特·贝格立：《商时期青铜铸造业的起源和发展》，奚国胜译，《南方文物》2009年第1期，第135—141页。
[3] 潘祥辉：《传播史上的青铜时代：殷周青铜的文化与政治传播功能考》，《新闻与传播研究》2015年第2期。
[4] 吴镇烽：《商周青铜器铭文暨图像集成》，上海古籍出版社，2012年。

5730余件，其中单字铭文的青铜器近2000件，2～4字铭文的青铜器3300余件，5～10字铭文的青铜器350余件，10字以上铭文的青铜器70余件。[①] 严志斌收集到的商代青铜器铭文的图像为2483件。[②]

将青铜器作为一种传播媒介大规模运用，是从商朝中后期开始的。商代中后期不管是青铜的铭文、纹饰还是形制都取得了巨大的发展，才使得青铜器能够更好、更清晰地完成信息传播的作用。数量如此庞大的商代青铜器及如此普遍的青铜器铸刻铭文现象，都牢牢巩固着商代青铜器在媒介史上的地位，也为青铜在商代文化传播过程中的影响提供了充足的研究材料。

我国对青铜器的研究主要分为两个阶段。第一阶段是传统金石学研究。尽管"金石之学"的提出是在清朝，然而金石学的研究历史可上溯至宋代，如赵明诚《金石录》对青铜器文字的研究。《金石录》中收录了夏、商、周、三代至隋、唐五代的钟鼎彝器上的铭文20卷。到清朝时，由于训诂学、考据学的兴起，与此相关的金石学也发展到顶峰，"金石之学"一名也正式提出，这一时期的金石学研究者也有不少。到晚清时期，金石学发展逐步走向集大成与总结阶段，这一时期以罗振玉、王国维、马衡等人为主要代表。第二阶段为青铜器的现代研究阶段。这一时期的研究建立在现代科学的基础上，研究方向、研究成果也更加多元化，出现了一些通论型青铜器研究成果，如郭沫若的《青铜时代》、李济的《殷墟青铜器研究》、容庚的《商周彝器统考》等，还有日本学者林已奈夫的《殷商青铜器纵览》等成果。李学勤认为青铜器研究主要围绕形制、纹饰、铭文、功能、工艺五个方面，而在研究取向上传统学者大多偏重于铭文的研究与考证，现代研究则立足于考古学、历史学、艺术史、科技史等学科交叉。[③]

对于商代青铜器研究而言，青铜器与文化、媒介与文明之间的关系亦是重中之重，这是由商代青铜器本身在文化传播中

---

① 毕秀洁：《商代铜器铭文的整理与研究》，华东师范大学博士学位论文，2011年。
② 严志斌：《商代青铜器铭文研究》，上海古籍出版社，2017年，第21页。
③ 李学勤：《青铜器入门》，商务印书馆，2013年，第79页。

的角色与地位所决定的。对此，国内外亦有不少探讨媒介与文明演进之关系的成果，如加拿大学者哈罗德·伊尼斯的《帝国与传播》《媒介的偏向》等。这些成果对于我们研究商代青铜器与商代文化传播、文化形态之间的关系有着极大的启发性。雷吉斯·德布雷用"媒介域"这一概念来说明传递技术及其制度配置如何作用于社会秩序的确立和改变。[①] 根据德布雷的观点，媒介域转换所带来的新媒介技术爆发会改变由先前媒介文本所承载的社会地位和角色功能，而媒介学正是分析媒介技术发展与社会历史运动间的互动关系。[②] 德布雷的"媒介域"观点有助于我们理解商代青铜器与商代文化传播之间互动关系。商代青铜器不论是器具本身，还是附着于器具上的铭文、纹饰，都可以成为一种传播媒介，这种媒介技术、媒介实践与商代礼乐制度的构建、传播与实施有着极为直接而密切的关系，即以青铜器为核心的媒介域推动了商代礼乐制度、礼乐文化的构建，并且在政治上形成了明显的权力等级划分。

第一节　商代青铜器的媒介性

不论是伊尼斯在时间和空间两个维度上考察传播媒介与文明演进之间的关系，还是麦克卢汉提出的"媒介即信息"，传播媒介总在以直接或间接的方式影响着信息传播活动。在媒介域发生改变的时刻，新的媒介技术的运用会改变前一种媒介文本的社会地位和角色功能。要了解商代青铜器作为一种传播媒介而对商代社会、文化，甚至是中国文化产生的影响，首先要了解商代青铜器的媒介属性及其媒介实践。从类型上看，商代青铜器根据用途主要分为六大类：食器、酒器、水器、乐器、兵器、杂器。[③] 判断这六类青铜器是否属于媒介，一个标准是这些青铜器是否进入社会文化传播系统，并在传播过程中发挥媒介应有的作用与功能。基于此，我们所说的作为媒介的商代青铜器主要指的是前四种，而不包括

[①] 陈卫星：《传播与媒介域：另一种历史阐释》，《全球传媒学刊》2015年第1期，第1页。

[②] 陈卫星：《传播与媒介域：另一种历史阐释》，《全球传媒学刊》2015年第1期，第1页。

[③] 严志斌：《商代青铜器铭文研究》，上海古籍出版社，2017年，第21页。

青铜兵器和杂器。总体而言，作为媒介的商代青铜器主要是在沟通天地神鬼、记事（战事、政令、册封、会盟、卜辞等）、象征荣誉（商王赏赐、述功颂德等）等方面充当媒介并发挥作用。而这种媒介作用又是通过纹饰、铭文、器具本身的形制等来具体实践的。

一、纹饰：作为连接天人的沟通媒介

"国之大事，在祀与戎。"在商代，祭祀活动一直是头等大事。而在祭祀中使用最广泛的青铜器是青铜鼎，这部分青铜器又被称为"祭器"。《礼记·曲礼》通过"排序"的方式表明了祭器的优先性与神圣性。《礼记·曲礼》有言："凡家造：祭器为先，牺赋为次，养器为后。无田禄者不设祭器；有田禄者，先为祭服。君子虽贫，不粥祭器；虽寒，不衣祭服；为宫室，不斩于丘木。大夫、士去国，祭器不逾竟。大夫寓祭器于大夫，士寓祭器于士。"① 养器，即为日用器具。从这段记载可以看出，祭器不仅与日用器具相互区分，而且等级上也要高于牺赋和养器的。不仅如此，作为祭器的青铜器本身也要华美，《淮南子·本经训》中也有描述："大钟鼎，美重器，华虫疏镂，以相缪纱；寝兕伏虎，蟠龙连组；焜昱错眩，照耀辉煌；偃蹇寥纠，曲成文章；雕琢之饰，锻锡文铙；乍晦乍明，抑微灭瑕；霜文沈居，若簟篪籧；缠锦经宂，似数而疏，此遁于金也。"② 在青铜器器身上铸刻满花草鸟虫、犀牛、老虎、蟠龙等动植物或珍禽异兽纹饰，充当祭祀中沟通祖先、神祇的媒介。张光直认为青铜礼器是祭祀的主要工具之一，是完成与其逝去的祖先和其他神灵沟通的任务时所使用的工具。③ 商人以极其精美的青铜器祭祀先祖、神祇，目的在于获得他们所给予的启示，以指导生人如何行事。具体而言，商代青铜器上具有媒介功能的纹饰主要有以下几种：

---

① 刘沅著，谭继和、祁和晖笺解：《十三经恒解·礼记恒解》，巴蜀书社，2016年，第31页。
② 何宁：《淮南子集释》，中华书局，1998年，第593页。
③ 张光直：《古代中国考古学》，印群译，生活·读书·新知三联书店，2013年，第430页。

饕餮纹。商代青铜器上的饕餮纹经历了一个由简到繁，由神秘到华美、精致，由恐怖到温和的过程。商代早期开始，青铜器器身开始出现线条状的浮雕，中间有成对杏眼，这种纹饰被称为饕餮纹。随着青铜器纹饰的发展，饕餮纹逐渐精致。商人之所以将饕餮纹视为沟通媒介，原因就在古人相信眼睛和兽面纹具有神奇的力量。

虎纹。虎纹也是商代青铜器各类纹饰中比较常见的一种，虎本身被视为力量的象征，拥有驱邪的能力。虎也是自然界的王者，这种虎崇拜与当时商人所生活的环境有直接关系。

龟纹。龟在传统文化中是一种吉祥、美好的象征。在商代青铜器中，龟纹的数量也不少，主要是因为古人认为龟可通水底冥府，因而也将之作为祖先、神祇与祭祀者之间沟通的媒介。

鸮鸟纹。在商人的认识中，鸮鸟的眼睛可以通阴阳，因此，鸮鸟纹也被视为人与鬼神沟通的媒介。

蝉纹。蝉纹根据不同的使用场景（或者是语境）而有不同的含义：用在器物上，代表的是食物的洁净与高档；用在墓葬中，代表的是祭祀者与祭祀的鬼神、祖先之间的沟通媒介。

除以上这些纹饰，商代青铜器中常见的纹饰还有羊纹、象纹、鱼纹、马纹、水牛纹、犀牛纹、云雷纹、囧纹等。这些纹饰具有不同的社会文化含义，如羊纹。羊不仅是祭祀"三牲"之一，还代表着财富，有寓意吉祥的文化含义，也是幸福、纯洁与高贵的象征符号。由此可见，附着于商代青铜器器身上的纹饰，有的具备"特殊能力"，能够沟通阴阳、神人、天地两界，有的带有浓厚的社会世俗文化含义。

二、铭文：作为记录的书写媒介

前文中，我们大致了解了商代有铭青铜器的数量，以及铭文字数的总体情况。事实上，早在春秋战国时期，中国古代贤哲就已经认识到青铜器作为一种书写材料而具有媒介功能了。《墨子·鲁问》有言："攻其邻国，杀其民人，取其牛马粟米货财，则书之于竹帛，镂之于金石，以为铭于钟鼎，传遗后世子孙。"[①] 在这里，墨子将

---

① 方勇译注：《墨子·鲁问》，中华书局，2015年，第450页。

"竹帛"和"金石"并举，同时也表明了"钟鼎"这类媒介具备伊尼斯所说的"时间偏向"属性。在《墨子·明鬼》篇中，墨子还认为"古者圣王必以鬼神为，其务鬼神厚矣。又恐后世子孙不能知也，故书之竹帛，传遗后世子孙。咸恐其腐蠹绝灭，后世子孙不得而记，故琢之盘盂，镂之金石以重之。"① 暂且不论竹帛、盘盂等媒介所记述的内容如何，"传遗后世子孙"和避免"后世子孙不得而记"更进一步突出了"竹帛""盘盂"这两类媒介的时间偏向。总体而言，商代青铜器器身上的铭文所记的内容可分为功绩、王令、战争、赏赐、徽记、册命、训诰、追孝、辞、约记、律令、符节等多个方面。从这些方面我们可以看到，作为书写媒介的铭文和书写材料的青铜礼器在共同完成商代的社会传播与文化传播活动。具体可列举如下几件青铜礼器及铭文内容：

1. 记赏赐

亚鱼鼎：壬申，王赐亚鱼贝，用作兄癸尊。在六月，唯王七祀翌日。②

小臣缶鼎：王赐小臣缶湡（同"濡"）积五年，缶用作高（同"享"）太子乙家祀尊。□父乙。③

寝鱼簋：辛卯，王赐寝鱼贝，用作父丁彝。④（425）

2. 记战事

《尹光方鼎》之铭文曰："乙亥，王𬭼，才（在）□□（次），王卿（飨）酉（酒），尹光迺（酾），隹（唯）各（格）。商（赏）贝，用乍（作）父丁彝。隹（唯）王正（征）井方。□。"⑤

3. 徽记

亚鼎：亚。⑥

---

① 方勇译注：《墨子·明鬼下》，中华书局，2015年，第261页。
② 严志斌：《商代青铜器铭文研究》，上海古籍出版社，2017年，第408页。
③ 严志斌：《商代青铜器铭文研究》，上海古籍出版社，2017年，第408页。
④ 严志斌：《商代青铜器铭文研究》，上海古籍出版社，2017年，第425页。
⑤ 凡国栋：《金文读本》，凤凰出版社，2017年，第10页。
⑥ 严志斌：《商代青铜器铭文研究》，上海古籍出版社，2017年，第379页。

鱼鼎：鱼。①

祖乙鼎：祖乙。②

4. 记卜辞

戊寅卜，贞：王迭于召［往］来无灾？王占曰引吉。［在］□［月］。唯王二祀肜日。唯……③

5. 记功绩

𦎧彝：己酉，戍铃尊俎于召，康康𦎧九律，𦎧赏贝十朋、丏豚，用铸丁宗彝。在九月。唯王十祀协日五。唯来东。④

作册豊鼎：癸亥，王于作册般新宗，王赏作册豊贝，大子赐东大贝，用作父已宝口。⑤

潘祥辉教授认为古人将铸刻在青铜器上的铭文称为"宝书"。⑥所谓"宝书"，《春秋公羊传注疏》⑦有言："答曰：案闵因叙云：'昔孔子受端门之命，制《春秋》之义，使子夏等十四人求周史记，得百二十国宝书，九月经立。……周史而言宝书者，宝者，保也，以其可世世传保以为戒，故云宝书也。"从内容上看，这一段记载中提到的两处"宝书"所指的均是周朝官修史书，且这种史书能够世世相传，并起到警示作用。从世世相传这个角度，以及根据青铜铭文所记内容，将商代青铜器上的铭文称为"宝书"亦有一定的道理。

三、器具与形制：作为表意的象征媒介

除了青铜器器身的纹饰与铭文以外，还有一些青铜器本身是为表达象征意义而存在的，从媒介角度来讲，这些青铜器器具及其形

---

① 严志斌：《商代青铜器铭文研究》，上海古籍出版社，2017年，第378页。
② 严志斌：《商代青铜器铭文研究》，上海古籍出版社，2017年，第384页。
③ 转引自殷德昭：《试论武乙、文丁、帝乙属于周祭系统》，中国社会科学院历史研究所先秦史研究室（https://www.xianqin.org/blog/archives/3644.html），详见《合集》36734。
④ 转引自殷德昭：《试论武乙、文丁、帝乙属于周祭系统》，中国社会科学院历史研究所先秦史研究室（https://www.xianqin.org/blog/archives/3644.html），详见𦎧彝《商周》13540。
⑤ 严志斌：《商代青铜器铭文研究》，上海古籍出版社，2017年，第409页。
⑥ 潘祥辉：《传播史上的青铜时代：殷周青铜器的文化与政治传播功能考》，《新闻与传播研究》2015年第2期，第57页。
⑦ 阮元校刻：《十三经注疏·春秋公羊传注疏·隐公元年》，中华书局，2009年，第4763页。

制可称为象征媒介。

第一，作为权力的象征媒介。商代的青铜器，尤其是礼器，是身份地位、权力的象征，因此有一套严格的制度来维护这些器具。商代盛行觚与爵的配对组合，根据觚与爵配对组合的数量来区分贵族的身份等级。通常而言，一般的贵族使用一觚一爵，身份、社会地位较高的贵族可使用多套。这种标准在商代墓葬的考古发掘中得到了证实。这类象征媒介中，最具有代表性的是鼎。"桀有昏德，鼎迁与商""商纣暴虐，鼎迁于周"，鼎是以青铜器象征权力最好的注解。

第二，作为获得商王赏赐荣誉的象征媒介。"乙未王赏姒□帛，在寝，用作□彝。"①（乙未鼎）这是一个典型的关于赏赐的铭文，对于"王"给予帛的赏赐，"姒"将之"用作□彝"。类似的铭文还有亚鱼鼎，其铭文曰："壬申，王赐亚鱼贝，用作兄癸尊。在六月，唯王七祀翌日。"② 又如小臣邑斝，其铭文为："癸巳，王赐小臣邑贝十朋，用作母癸尊彝。唯王六祀肜日。在四月。亚矣。"不论是基于何种原因，这些因为王的赏赐而制造的青铜器就是获得商王赏赐的荣誉的象征。在亚鱼鼎和小臣邑斝的铭文中，还提到另一个因素，即"翌日"和"肜日"。根据常玉芝先生的观点，有两个标准可以判断商代的先王或先妣是否属于周祭系统：第一个是看其是否受翌（日）、祭、协（日）、肜（日）等五种祭典的祭祀，第二个是看其受祭时是否与其他先王、先妣有关系。③ 由此可见，亚鱼鼎和小臣邑斝所记述的商王赏赐是在商王祭祀先王或者先妣的时候发生的。因此，获得商王赏赐的下属及其家族铸造青铜器以纪念此事，其象征意义可见一斑。

---

① 严志斌：《商代青铜器铭文分期断代研究》，社会科学文献出版社，2014年，第1024页。
② 严志斌：《商代青铜器铭文分期断代研究》，社会科学文献出版社，2014年，第1025页。
③ 常玉芝：《商代周祭制度（增订本）》，线装书局，2009年，第101页。

第二节　商代青铜器的媒介实践

事实上，作为媒介的商代青铜器既是商代一种普遍使用的、成体系的礼器，对商代的礼乐制度、礼乐文化的形成、完善以及社会实践、传承有着重要意义，也是一种社会治理、社会秩序安排的手段。概而言之，商代青铜器的媒介实践表现在以下几个方面：

第一，作为媒介，参与商代礼乐制度的建构与传播。祭祀在商代的政治生活、社会生活中扮演着重要作用，而围绕祭祀典仪也形成了一整套完整的政治、道德秩序，即礼乐制度。从现有研究来看，殷商时期是我国礼乐制度的成熟期。在商代，青铜器就已经成为贵族之间划分政治级别、社会等级的标准，一般的贵族只能使用一对爵和觚，只有身份地位较高的贵族才可以使用多套。以青铜礼器数量的多少来表示身份地位，是礼乐制度在身份等级的具体表现。

而关于祭祀的形式、内容，以及祭祀对象等问题，在商代青铜礼器上所铸刻的铭文有更广泛的体现。青铜器是以礼器的形式出现的，它可以通过数量的多寡、形制的大小等来调节现实社会中人与人之间的关系，并以强大的约束力规范人们的行为。巫鸿将中国的青铜器看作一种"纪念碑"式的媒介不是没有道理，它确实做到了将"思想转变外化为实物"，以"物质的纪念碑体现出历史的纪念碑性"。[1]

第二，作为媒介，在政治传播中宣示政治权力的合法化。对于商代的社会结构和社会文化而言，青铜器，尤其是大型、成体系配对组合使用的青铜器并不是能轻易获得的，而一旦某个人或者氏族获得了青铜器，就代表着这个人或者氏族拥有了权力。从目前考古的研究成果以及文献记载来看，尽管商代青铜礼器在纹饰繁复程度、器型种类大小、铭文数量多寡等方面已经发生了较大的变化，但是将青铜礼器作为政治权力的象征是贯穿于整个商代的，甚至持续到了秦汉时期。作为表达统治合法化、政权合法化的媒介物，青铜礼器的数量、尺寸大小、轻重等是区分王与各个阶层的贵族的重要标

---

[1] 巫鸿：《中国古代艺术与建筑中的"纪念碑性"》，李清泉、邓岩等译，上海人民出版社，2017年，第5—16页。

准。在政治权力的象征体系中,"九鼎"无疑是最重要的,它既证明拥有九鼎者的特殊身份,也证明权力的占有与分配格局。"桀有昏德,鼎迁与商""商纣暴虐,鼎迁于周"即是青铜器在宣示政治权力的合法化方面最好的注脚。

除了在数量、尺寸、大小等方面宣示政治权力合法化,青铜礼器上铸刻的纹饰亦可象征权力的合法化,这种合法化是通过确定王朝的崇拜对象来实现的。从青铜器器身上的各种纹饰来看,它所代表的文化意义、象征意义,必然落在作为统治者的商王的掌控和信仰体系之中。杨晓能认为,青铜器器身上的纹饰既可以为王朝统治的合法性和凝聚力服务,而且还承担着传播宗教信仰和政治教化的责任。[1]

第三,作为媒介,参与政治仪式传播,促进政治沟通。商代青铜器具有社会和政治两种属性。从社会层面来看,不论是青铜器的铸造,还是对于铭文、纹饰、青铜礼器形制等的运用与创制,都不是一般人、一般家族所能够掌握和完成的,它是占有生产资料、生产技术的象征,更是占有社会财富的象征。除了铭文、纹饰铸刻,出土的商代青铜礼器中还有部分采用其他材质进行装饰,如镶嵌绿松石、玉、陨铁、红铜等。从现有青铜器铭文来看,青铜礼器也不是一般人能够制作的,往往是由特定氏族、家族来承担制作礼器的任务。因为宴飨、祭祀的实际需求,商代青铜礼器在追求实用性的同时,还要求具有较高的艺术性和审美意义。由此,基于对青铜礼器的现实需要与审美需要,青铜礼器的制造与拥有就已经将绝大部分人排除在外,因此,商代青铜礼器主要是在贵族阶层使用。这部分人是整个商代社会的统治阶层,他们掌握着社会的财富,决定着社会文化的发展方向。

在政治层面,青铜礼器的权力象征是在祭祀、礼仪语境中产生的。在一个以贵族为统治阶层的社会中,祭祀祖先,祭祀其他自然神、天神,是维护贵族政治统治、政治权力合法性的有力保障。商代的祭祀(如周祭)是一种带有宗教性质的仪式

---

[1] 杨晓能:《另一种古史:青铜器纹饰、图形文字与图像铭文的解读》,唐际根、孙亚冰译,生活·读书·新知三联书店,2008年,第222页。

活动，实现人与人之间关系的合法化、秩序化。从商代青铜礼器的铭文来看，有关祭祀的内容、活动占据了相当大的比例，并且在这些铭文中都明确表明制作了某种青铜礼器，如亚鱼鼎的铭文就有"用作兄癸尊"。仪式强化了"礼"，而青铜礼器则实现了祭祀仪式与礼仪制度的共同在场，达到社会控制的目的，而社会控制的背后是政治权力的运行。

第四，作为媒介，参与述功纪行以实现宣传与教化功能。青铜器的述功纪行与宣传教化功能是通过青铜器上的铭文实现的。从学者的统计来看，商代青铜器的以单字铭文和少字铭文为主，5字铭文以上的青铜器数量不到500件，占总数的十分之一左右。与之相对应的是青铜器纹饰的变化，总体而言，青铜器的纹饰也经过一个由简入繁的过程：早期青铜器大多数是没有纹饰的，仅有少数青铜器刻有一条或者数条线条图形，或者是小纽扣式图案；商代早期时，青铜器器身上开始出现线状浮雕，开始出现较为原始的、简单的纹饰图案，如饕餮纹；而到了商代晚期，青铜器器身上的纹饰更加复杂，纳入纹饰范畴的动植物形象也越来越多，甚至还出现满工纹饰作品，青铜器的器壁变厚。青铜器铭文字数的增加与纹饰的复杂化、精致化大致是同步的，而这种变化的背后实际上是社会关系、政治权力的变化，即礼乐制度日渐成熟并对社会文化造成了深刻的影响。

祭祀活动的转变在青铜铭文上体现得尤为明显。早期的商代祭祀活动中所使用的青铜器，要么没有铭文，要么只有几个字，而到了商晚期，尤其是帝乙与帝辛时期，铭文字数增多，在内容上记述商王赏赐的占据了相当大一部分比例。造成这种转变的原因，有学者认为政治权力对氏族的现实生活产生了影响。这种政治权力是在礼乐制度下进行并发挥作用的。所谓铭文，《礼记·祭统》有言："夫鼎有铭，铭者，自名也。自名，以称扬其先祖之美，而明著之后世者也。"[①] 可见，商代于青铜器上铸刻铭文既是为了颂扬先王、先祖的光辉事迹，也是为了展示后世子孙的孝义。因此，商代青铜器作为媒介在发挥着宣传和教化功能。

总体而言，时间越晚，青铜礼器器身上的铭文数量就越多。这

[①] 刘沅著，谭继和、祁和晖笺解：《十三经恒解·礼记恒解》，巴蜀书社，2016年，第370页。

一点也可以得到现代考古研究的证实。从较长篇幅的青铜器铭文来看，其内容大多数发生在帝乙和帝辛时期，也即商代最后两个王在位时期，这一时期的铭文在内容上也转变为对祭祖原因的记述，且以作器者从商王或者上级那里得到赏赐、奖励为主。由此，随着社会的发展，臣子或氏族作青铜礼器的原因从祭祀先祖发展为称颂商王或夸耀奉献者。除亚鱼鼎、寝孳方鼎外，还有戍嗣鼎，其铭文为："丙午，王赏戍嗣贝廿朋，在阑宗，用作父癸宾□。唯王□阑大室，在九月。犬鱼。"① 再比如寝䴲鼎，其铭文为："庚午，王令寝䴲省北天四品，在二月。作册有史赐□贝，用作父乙尊。羊册。"②

青铜器上的纹饰、铭文就像是一种符号手段，它的产生、发展与变化无不与社会现实有着密切的关系。当所要表达的意义过于丰富，纹饰、形制再也无法满足表意需要时，对铭文（或者说是文字）的利用就自然而然地开始了。

第三节 青铜器媒介属性的复合性及其影响

商代青铜器兼及礼器、用器、祭器以及书写媒介等多种媒介属性而成为一种"复合媒介"③，它与甲骨文系统一并成为商代社会的主导性媒介。"国之大事，在祀与戎"，商代青铜器凭借其"复合媒介"属性实现了祭祀礼制与军事政治两个方面的统一。参照伊尼斯的倚重时间媒介和空间偏向这一对概念，商代青铜器的铭文文本与战事书写在时间和空间两个维度不仅实现了信息传播、秩序建构等一系列传播效果，而且在青铜器的媒介物质性的基础上进行社会治理，进而建构起一套以"神""神性"为核心的意义世界和体验世界。

伊尼斯提出倚重时间媒介和空间偏向媒介这一对概念，源

---

① 严志斌：《商代青铜器铭文分期断代研究》，社会科学文献出版社，2014 年，第 1026 页。
② 严志斌：《商代青铜器铭文分期断代研究》，社会科学文献出版社，2014 年，第 1026 页。
③ 潘祥辉：《传播史上的青铜时代：殷周青铜器的文化与政治传播功能考》，《新闻与传播研究》，2015 年第 2 期，第 66 页。

于他对传播媒介的性质对文明所产生的影响的思考。他认为,一种媒介如果倚重时间,那么它具有时间层面的耐久性,但不易生产、运输和实用,而其主导的文明表现为"固守传统,强调连续性,突出社会的黏合力,紧守神圣的信仰和道德传统";而空间偏向的媒介所传播的信息局限于当下、短暂,但便于运输、使用方面,远距离传播信息,其文明则相反,它强调"地域扩展,强调中心对边缘的控制,世俗制度发达,宗教体制薄弱,科学技术突飞猛进,社区生活逐渐瓦解,甚至衰亡,个人主义盛行"[1]。不仅如此,伊尼斯还认为人类的传播也具有口头传播和书面传播的偏向,口头传播的衰落意味着对文字、视觉艺术、建筑、雕塑和绘画的偏重。他的这些论述很容易让人联想到青铜器的铭文本文、纹饰符号体系,以及有这些符号文本所表述和承载的历史叙述、隐喻和象征意义。按照伊尼斯的观点,我们可以认为商代青铜器是倚重时间媒介和空间偏向媒介两种属性的合一,而实现这种合一特征的便是青铜器铭文对战事的记载。

作为商代社会的主导性媒介之一,记载战事青铜器媒介遗存可以下述两件两例为代表,略加分析,如:

《小臣俞尊》之铭文曰:"丁子(巳),王省夒且(祖),王易(赐)小臣艅(俞)夒贝,隹(唯)王来正(征)人方,隹(唯)王十祀又五,彡(肜)日"[2]。

《尹光方鼎》之铭文曰:"乙亥,王徕,才(在)□□(次),王卿(饗)酉(酒),尹光迺(酾),隹(唯)各(格)。商(赏)贝,用乍(作)父丁彝。隹(唯)王正(征)井方。□。"[3]

从这两件青铜器铭文来看,其所表达的含义至少有三层:第一,对"人方""井方"的军事行动;第二,与祭祀活动有关;第三,得商王赏赐之荣誉。这三个方面实则指向了伊尼斯的空间偏向媒介和倚重时间媒介这一对传播媒介偏向概念所主导的文明特征。前者对应军事活动,后者对应祭祀活动,而对商王赏赐之荣誉及其他功绩的记载,便兼容两种文明属性。

---

[1] 何道宽:《译者序言》,哈罗德伊尼斯:《传播的偏向》,中国人民大学出版社,2003年,第6—9页。
[2] 凡国栋:《金文读本》,凤凰出版社,2017年,第2页。
[3] 凡国栋:《金文读本》,凤凰出版社,2017年,第10页。

空间偏向的媒介所主导的文明带有明显的地域扩张、中心对边缘的控制等特征，而其最直接的表现便是商朝的对外军事活动。宋震豪根据2003年山东济南大辛庄遗址出土的二里岗上层二期出土的一对青铜爵，认为这反映了自仲丁开始商朝对东方的控制。① 而其原因则是"仲丁伐蓝夷"的结果，《史记·殷本纪》记载："自中丁以来，废适而更立诸弟子，弟子或争相代立，比九世乱，于是诸侯莫朝。"② 在倚重时间的媒介所主导层面，青铜器铭文所记载的内容便有歌颂先祖、父辈之供给和荣耀，以及祭祀先祖、祭祀先王、参与国祭等方面的内容，这些内容便构成了商代礼制文化的主要内容。商代青铜器关于商王赏赐的记载，一方面表明了商王、商王朝与被赏赐者、部族之间的"上下级"隶属关系，与之配合的政治关系是中心对边缘的控制；另一方面，以先祖之功绩、荣耀传遗后世子孙，与之配合的道德传统、文明传统、连续性等问题可归之于"礼"或"礼乐文化"。在考古研究方面，杨晓能总结了商式青铜器的十二个"主干交结中心"（key nodes），并认为这些"主干交结中心"可能代表了商王朝青铜器礼器网络体系③。这里的"礼器"不仅仅包括宗教层面的、先祖层面的文化辐射，也包括政治层面、军事层面的威权辐射。

詹姆斯·凯瑞将人类的传播行为分为传播的传递观和传播的仪式观两种主要类型。对于人类行为，他有过一个"传播的文化学"的解释："传播的文化学把人类行为——或更准确地说人类行动（human action）——看作是一种文本（text），我们的任务是建构这一文本的解读。"④ 商代青铜器的祭祀仪式、书写仪式是商代政治文化、宗教文化、礼乐文化的一个文本，这个文本不仅影响了商代社会秩序治理与建构，也造就了中国青铜器在世界青铜史的独特且典型的地位。

---

① 宋镇豪：《商代战争与军制》，中国社会科学出版社，2010年，第84页。
② 司马迁：《史记·殷本纪》，中华书局，1959年，第101页。
③ 杨晓能：《另一种古史：青铜器纹饰、图形文字与图像铭文的解读》，生活·读书·新知三联书店，2008年，第351—356页。
④ 詹姆斯·凯瑞：《作为文化的传播——媒介与社会论集》，丁未译，华夏出版社，2005年，第42页。

需要指出的是，倚重时间和空间偏向只是一组相对概念，强调的是一种媒介更倾向于倚重时间或更倾向于空间偏向。同时，伊尼斯在《传播的偏向》中对于中国媒介史只略微提及印刷术以前的纸、毛笔，并不曾论及毛笔、纸之前的社会主导性媒介之一的青铜器。因此，在此提及青铜器是这两种偏向的合一当不至于大谬。那么，由此而来的一个问题便是，兼具两种媒介偏向的青铜器将其所主导的文明引向了何处？

学界对于青铜器的历史地位，研究成果颇多，认知也趋向于统一。李心峰认为："在当时的社会生活中占有中心地位的青铜器，既是当时生产力水平的代表、神圣王权政治权威的象征，也是当时礼制即社会思想和意识形态的主要载体，其影响力渗透到社会生活的方方面面。"[1] 对于其纹饰符号，则认为是"服务于祭祀和人神沟通""是为了更好地完成人与神的沟通过程"[2]。事实上，不仅是纹饰符号，铭文也具备通人神的能力，只是这个神主要指的是先祖，而既区别于诸如饕餮纹等兽面纹、眼纹等超自然神灵，也区别诸如"蝉""龙""龟"等动物神灵。殷人尊神，故而率民以事神，先鬼而后人。"神""神性"，事神、先神（鬼）而后人，这正是对这一文明的总体概括。

结　语

作为一种传播媒介，商代青铜器通过其铭文、纹饰、形制等各个属性发挥作用。在商代，青铜器主要以礼器的形式出现，它既是连接人神的沟通媒介，又是记事的书写媒介，还是荣誉的象征媒介。古人将"金石"与"竹帛"并举，正是说明了青铜器的媒介属性。商代青铜器的发展与繁荣与中国传统礼乐制度的成熟是同步的。可以说，商代青铜器既是商代礼乐制度建构与实施的主要形式，也是礼乐制度传播的主要媒介，其不仅规范、巩固了商王与氏族之间的关系，还调整了商王朝周边部落之间的关系，从内向与外向两个层面促进了中华文明的形成与传播。

---

[1] 李心峰：《中华艺术通史·夏商周卷》，北京师范大学出版社，2006年，第4页。
[2] 潘祥辉：《传播史上的青铜时代：殷周青铜器的文化与政治传播功能考》，《新闻与传播研究》2015年第2期，第56页。

第四章 周漆：两周时期漆器文化的交流与传播

第四章 周漆：两周时期漆器文化的交流与传播

引 言

"楚人有卖其珠于郑者，为木兰之柜，薰以桂椒，缀以珠玉，饰以玫瑰，辑以翡翠。郑人买其椟而还其珠。"虽然《韩非子》中买椟还珠的故事本意是讽刺卖家的颠倒主次、舍本逐末，但也恰恰说明了其时楚国木匣工艺之精妙绝伦。"木兰之柜，薰以桂椒，缀以珠玉，饰以玫瑰，辑以翡翠"的木椟，就是百宝镶嵌的彩绘漆匣。

早在原始社会，我们的祖先就已经懂得将漆树的汁液涂在木器和陶器的表面，使它们美观耐用。天然漆不仅具有抗潮防腐的功能，还能掺调颜料，美化器物。两周时期[①]的漆器在中国艺术发展史上具有非常重要的地位，它上承夏商两代，下启秦汉两朝。

第一节 周代漆器工艺的特征与发展

中国是世界上最早发现和使用天然漆的国家，中国古代漆器有着悠久而丰富的历史。[②]《诗经》中多处提及漆树。如《鄘风·定之方中》"树之榛栗，椅桐梓漆，爰伐琴瑟"，《唐风·山有枢》"山有漆，隰有栗。子有酒食，何不日鼓瑟?"《秦风·车邻》："阪有漆，隰有栗。既见君子，并坐鼓瑟。今者不乐，逝者其耋。"这表明漆树的种植和使用在两周时期已经是非常普遍的事了。

一、中国漆器发展的阶段特征

刚从漆树割取的漆液是无色透明的，在潮湿的空气中充分氧化后表面呈赭色，干涸后变成褐黑色。浙江萧山跨湖桥遗址出土的距今八千年的漆木弓上，残存了一层褐黑色的天然漆，这是世界最早的一把漆木弓。浙江余姚河姆渡遗址出土的朱漆木碗，属于最早的

[①] 本章的"周代"和"两周时期"泛指西周（公元前1046—前771年）和东周（公元前770—前256年），其中东周时期分为春秋时期（公元前770—前476年）和战国时期（公元前475—前221年）。东周政权于公元前256年为秦国所灭，"公元前256—前221年"这一时期处于战国时期，同样也在本章的讨论范围之内。

[②] 裘琤：《丹漆随梦：中国古代漆器艺术》，中国书店，2012年，第16页。

中国漆器工艺作品。

无论是在黄河流域、长江流域、珠江流域，还是在东北、西北和岭南，都有古代漆器出土。[①]

(一) 周代以前的漆器

新石器时代早期已出现长期定居的聚落，有了种植作物和饲养家畜为主的农业，还诞生了制陶和石器打造等基础手工业，新石器时代后期甚至已经出现了中心聚落与城池。此时的漆器器类较少，其社会功能始为劳动工具，尔后为食器，再向祭器发展。[②] 当时的漆器胎骨主要是木胎和陶胎；色彩多为单色，后期也有少数朱、黄、白等色彩纹，其中朱色最受青睐，郭沫若认为，这是因为远古人民将朱色看作最接近血液的颜色，具有祭祀的意义。

夏商时期是我国文明形成的重要阶段，"国家"和"国民"的观念逐步产生，农业和手工业有了进一步的发展，漆器的分布范围逐渐扩大，漆器的品种、数量、用途也呈不断增多的趋势，漆器工艺也随时代的推移而缓慢发展。这个时期的漆器胎骨有木胎、竹胎、陶瓷胎、石胎和铜胎等，以木胎为主[③]。装饰手法上，内蒙古敖汉旗大甸子夏代墓出土漆器出现了螺钿工艺，河北藁城台西商代遗址出土漆器有了贴金箔工艺。器类和器皿造型逐渐增多，纹样以兽面纹、夔纹等为主。除了单色漆器以外，有不少漆器模仿青铜器的装饰，采用木胎刻花填漆的方法。也有发现少数镶嵌金、玉和蚌片的漆器。这一时期的漆器尽管还很不成熟，但为战国漆工艺的发展打下了基础。[④]

(二) 两周时期的漆器

两周时期，生产关系的变革促进了生产力的发展。这个时期漆器的品种多、数量大，制作精细，造型华美，用途广泛，

[①] 诸葛铠：《墨朱流韵：中国古代漆器艺术》，生活·读书·新知三联书店，2000年，第4页。
[②] 裘琤：《丹漆随梦：中国古代漆器艺术》，中国书店，2012年，第9—10页。
[③] 裘琤：《丹漆随梦：中国古代漆器艺术》，中国书店，2012年，第11页。
[④] 诸葛铠：《墨朱流韵：中国古代漆器艺术》，生活·读书·新知三联书店，2000年，第10页。

在中国古代漆器发展史上具有划时代意义。此时的漆器已将多种技艺集于一身，其工艺更加成熟，出现与金属相结合的工艺，如漆盒外包铜、铜足漆案、铜圈足与盖内镶铜板的漆盖等；春秋时期的漆器以写实的动物纹样为主，兽面纹较少，首见人类社会生活纹样和植物纹样；各类器皿造型互异，同类器皿造型也富于变化。它充分显示了均衡协调、朴素大方、美观实用的造型特点，具有很高的水平。

（三）秦汉两代的漆器

秦汉时期是中国大一统时期，丰富、广泛、多元的文化交流给漆器的发展带来了很好的契机。秦代漆器主要由云梦县秦墓出土的漆器为代表，绝大部分的漆器都绘有精美的彩色图案。秦代也大量种植漆树，据云梦睡虎地秦简（第348、349号简）记载，秦代漆园实行生产责任制。[①] 秦代漆器总体而言实用性加强了，率先将漆饰用于建筑之中，但战国时期楚国专门用来镇墓辟邪的虎座飞鸟、镇墓兽、卧鹿、羽觞等漆器，在秦代已经消失。[②]

汉代漆器在全国大部分地方都有发现，其中长沙马王堆汉墓和江陵汉墓所出土的漆器数量最多，保存最为完好。汉代漆器生产分工更为细致，油和漆被广泛地混合使用，在朝鲜半岛、日本发现标有"蜀都工官"的汉代漆器。[③]

（四）隋唐以后的漆器

隋朝的漆器至今未发现，尚系空白，而唐代的漆器工艺达到空前的水平，由日常生活用品向以供贵族使用、装饰华丽的工艺品方面发展。这个时期的漆器胎骨主要有木胎、铜胎和瓷胎三种；装饰纹样主要有花卉、飞鸟、人物，以及神仙与说佛图等，常以金银平脱与嵌螺钿工艺制成，金光熠熠，富丽堂皇。

宋元时期有了专业化的漆行和店铺，制漆中心转移到南方；漆器胎骨主要有木胎、竹胎和皮胎等，宋代的木片条圈叠法尤为突出；色彩方面，素面漆器是宋代的特色，多为红黑两色；雕漆工艺走向顶峰。宋元时期漆器的髹饰艺术具有世俗化的风格，与工笔画艺术

[①] 胡玉康：《战国秦汉漆器艺术》，陕西人民美术出版社，2016年，第89—123页。
[②] 胡玉康：《战国秦汉漆器艺术》，陕西人民美术出版社，2016年，第89—123页。
[③] 胡玉康：《战国秦汉漆器艺术》，陕西人民美术出版社，2016年，第124—163页。

风格一致。

明清时期官办和民营漆器手工业有很大发展，漆器胎骨主要有金胎、银胎、铁胎、锡胎、木胎、竹胎和夹纻胎等；漆器装饰华丽，题材广泛，以花卉、动物、山水人物和吉祥如意的题材为主，并借鉴了国外样饰工艺。

二、周代漆器工艺发展的原因

（一）漆树的种植

中国盛产生漆，生漆产量占世界总产量的 70%～80%，是世界上最大的生漆出口国。中国各省都有着丰富的漆树资源，其中最主要的有贵州、四川、云南、湖南、湖北、江西、安徽、陕西、河南等省。一般来说，漆树生长八九年后可以割漆；在气候温暖湿润的南方地区，漆树生长四五年后便可以割漆。[1] 漆树资源的丰富和制漆工艺的发展，为中国古人制作漆器提供了得天独厚的条件。漆树利用价值很高，漆液是漆树的主要经济价值来源，同时漆树木质耐腐、耐潮，可做家具和建筑材料。[2]

《周礼·地官·载师》中有"漆林之征，二十有五"的记载，说明此时漆树的经济价值已得到明确认识，官府对漆林课以重税。[3] 春秋时期漆树种植增多，战国时期漆树种植业更为繁荣，《史记》就曾记载庄子做过管理漆园的小吏。楚地气候湿润，雨量充沛，丰富的漆树资源为楚地漆器的生产奠定了坚实的物质基础，此外潮湿的气候也有利于漆膜的固色。[4]

（二）铁器的使用

漆器在两周时期得以大规模发展，还要归功于铁器的使用。铁器的出现和大规模的应用，成为生产力发展到新阶段的重要标志，加速了社会经济的发展，也大大提高了木胎漆器和竹胎漆器的生产效率，从而使漆器的大量生产成为可能。[5]

---

[1] 张荣：《漆器形制与装饰鉴赏》，中国致公出版社，1994年，第1—2页。
[2] 马金玲：《陕西漆文化概览》，西安交通大学出版社，2016年，第3—4页。
[3] 胡玉康：《战国秦汉漆器艺术》，陕西人民美术出版社，2016年，第74页。
[4] 胡玉康：《战国秦汉漆器艺术》，陕西人民美术出版社，2016年，第46页。
[5] 胡玉康：《战国秦汉漆器艺术》，陕西人民美术出版社，2016年，第47—48页。

中国是世界上最早发明生铁冶铸技术的国家。商人已能利用陨铁锻制铁刃铜钺等器具，到春秋晚期已能冶炼生铁、铸造铁器，这要比欧洲早 1900 年。① 中国又是世界上最早发明生铁柔化处理技术的国家，春秋战国之际已能把硬脆的生铁柔化处理，使之变成可锻铸铁（即韧性铸铁），用来制造铁工具，使农业生产力大为提高。②

首先，铁器的广泛使用提高了漆器手工业的生产力，漆树的种植、漆液的采集以及木材的加工（制作木胎）的效率都得到了极大的提高。其次，铁器的广泛使用提高了整个社会手工业的发展，使得漆器的纹饰和艺术达到了更高的制作水平，扩大了商业活动，繁荣了市场，私营工商业兴起，同时也为漆器工业的发展创造了客观条件。最后，大量过去无力开垦的土地因铁农具而得以开垦，私田不断增多，出现了以一家一户为单位的、个体经营为特色的小农阶层，以及依靠土地增多而暴富的剥削阶层，从而为新的封建制生产关系取代旧的奴隶制生产关系准备了条件，也为农业富余人员从事手工业开拓空间。③ 铁器时代为漆器手工业的发展提供了充分的物质条件。

（三）继续青铜器的制作艺术

夏商时期，漆器色彩、形制单一，实用有余而美观不足。到了周代，木胎雕花技术给漆器的装饰带来了全新的局面④，而这一技术是从青铜器制作艺术转化而来的：青铜器的制作工艺中，在浇筑之前需要制作范和模，范上雕刻阳纹，制模后翻成阴纹，铸成青铜器后又成了阳纹。这种制作手法启发了制漆工匠在木胎上雕刻花纹，再加以多色漆料，使漆器制作达到了一个新的高度。在西周早期，漆器上的花纹几乎与青铜器上的花纹相同，还没有形成漆器独有的特点。⑤

漆器得以取代青铜器，主要因为五个方面的优势。一是漆器制

---

① 孙皓辉：《国家时代》，上海人民出版社，2020 年，第 103 页。
② 胡玉康：《战国秦汉漆器艺术》，陕西人民美术出版社，2016 年，第 59 页。
③ 胡玉康：《战国秦汉漆器艺术》，陕西人民美术出版社，2016 年，第 60 页。
④ 诸葛楷：《墨朱流韵：中国古代漆器艺术》，生活·读书·新知三联书店，2000 年，第 13 页。
⑤ 诸葛楷：《墨朱流韵：中国古代漆器艺术》，生活·读书·新知三联书店，2000 年，第 14 页。

作技术的局限性小，漆器大至棺椁，小至羽觞，既可以粗糙质朴，也可以精致细腻，和青铜器、玉器、金器相比，在技术传播上有很大的优势。二是漆器本身轻便耐用，长于保存，不易磨损，器表有富丽的光泽，又便于施加各种图案纹饰以获得理想的艺术效果，更兼有防腐防潮的性能，明显地优于青铜器。[①]三是漆器的适用性、灵活性很强，便于日常生活使用。青铜器本身很重，若作为礼器和祭器，搬动较少，尚可接受，但作为日用品实属不便。四是制作过程简便，虽然漆器的制作有制胎、做底、髹漆、彩绘、打磨等复杂烦琐的工序，但比起青铜器制作的过程，还是省时省力许多。[②] 五是漆器主要以木头和天然漆为原材料，原材料可不断再生，因而具有优越性。

（四）医学的进步

漆器手工业的发展中很关键的一环就是从业者人数的增多，虽然生漆有很高的药用价值，但有相当一部分的人会对生漆过敏，皮肤一旦接触到生漆之后便生"漆疮"，即起小丘疹或水泡，灼热搔痒，重者遍及全身，甚至死亡。在《史记·刺客列传》就曾提到春秋末期晋阳之战中赵襄子有意识地使用生漆投毒一事。[③]

春秋时期，中国已经出现了专业的医生，医缓、医和、扁鹊及其弟子子阳、子豹等都是当时著名的职业医生。同时，专门医学著作也陆续问世，如长桑君授予扁鹊的《禁方书》，马王堆汉墓出土的帛书《五十二病方》《足臂十一脉灸经》《阴阳十一脉灸经》也多成于春秋战国之际。战国时，医书的数量已十分可观，如传世的《黄帝内经》所引用的《上经》《下经》《金匮》《揆度》等十多种古医书。医学的进步使得当时的人们学会预防及治疗生漆过敏，也间接促进了漆器行业的繁荣。

[①] 胡玉康：《战国秦汉漆器艺术》，陕西人民美术出版社，2016年，第74页。
[②] 胡玉康：《战国秦汉漆器艺术》，陕西人民美术出版社，2016年，第74页。
[③] 马金玲：《陕西漆文化概览》，西安交通大学出版社，2016年，第5—9页。

第二节　周代漆器文化的交流与融合

一、周代多元化的漆器文化

（一）楚漆器

周代的漆器艺术之所以成为中国漆器艺术史上最关键、最特殊的一环，是因为战国楚墓出土漆器的超高的艺术成就，乃至说起周代漆器，绝无可能避开楚国漆器。楚墓出土的漆器主要有羽觞（耳杯）、妆奁、漆盒、漆盘、雕花板、漆棺、漆卮、漆弓、漆剑鞘等。

1. 崇火尚赤

楚人是黄帝的后裔，他们的祖先是掌管"火"的祝融。因此楚人崇拜火和火焰的颜色，从日常用具到衣冠服饰，楚人都崇尚红色。[1] 天然漆氧化后呈赭色，髹漆层数一多就会变成褐黑色，即所谓"漆黑"。由于楚人偏爱红色，会在黑底上画红色花纹，或在红色底面反填黑色花纹，所以红黑对比是楚地漆器的特色。

2. 凤鸟崇拜

出于对凤的崇敬，楚漆器中的凤形器物和凤纹装饰比比皆是，其中最具代表性的为虎座凤架鼓。虎座凤架鼓是一种悬鼓。虎座凤架鼓的底座是伏卧的双虎，虎背上昂首站立着两只凤鸟，凤鸟翘首张喙，自信挺拔，整体造型是双凤张扬、双虎收缩。

3. 镇墓神兽

楚人尚鬼、崇巫、喜卜、好祀。镇墓兽为楚国所独有，这是一种木雕髹漆的随葬品。楚漆器中最具代表性的镇墓兽有两种，一如河南信阳长台关的镇墓兽，背上没有插真鹿角，但形象怪异诡谲，在形态上是对某种动物的模拟，在手法上极度夸张、变形；二如天星观出土的秀丽美观的镇墓兽，一般固定于方形底座上，有口吐长舌的兽头，头顶有方孔两个，插入一对高大的鹿角。[2]

镇墓兽的形象万变不离其宗，必然包含以凤为体、背长鹿角、

---

[1] 诸葛铠：《墨朱流韵：中国古代漆器艺术》，生活·读书·新知三联书店，2000年，第23—24页。

[2] 胡玉康：《战国秦汉漆器艺术》，陕西人民美术出版社，2016年，第80页。

以虎为座三种元素。其中，插入的鹿角代表龙角。荆州博物馆彭浩近年提出，镇墓兽实为一种龙，司引魂升天之职，这与楚人死后乘龙凤升天的理想是一致的。而诸葛锴认为，镇墓兽是一种多元合一的神，是龙、虎两者综合和神化的结果，既可驱鬼守墓，又可引魂升天。龙的神性自然不必多说，而虎不但是"威武"的象征，在神话传说中还是食鬼的神物。[1] 此外，龙、虎和凤在中国古代都被视为神灵。龙是东方之神、虎是西方之神、凤是南方之神，虎座立凤显然是以南方神为首的三神合一体，具有超过任何一方之神的威力，雄居中央的凤象征着祝融及其后裔所建立的南方大国——楚。在墓葬中，这样的神像是为了招引死者灵魂升天。在七国争雄的时代，这样的神像显露出楚国称霸中原、统一全国的雄心。[2]

4. 风俗漆画

楚漆器的图案上承商周铜器、玉器的风格而加以发展，[3] 所以在各种漆器图案中，依然保留着青铜器上的怪兽形象，如饕餮、夔龙、蟠螭、蟠凤、几何纹、回纹、雷纹等。

楚国漆器的装饰大量运用的是漆画。这些漆画基本上可以归纳为两大类，即反映社会生活和描绘神话传说。前者常以贵族、乐师、舞女、猎人、巫师等人物形象为主体，以各种鸟兽、花草、树木、车马以及一些连续图案为陪衬，组成车马出行、歌舞奏乐、狩猎、烹饪以及巫师作法等内容的画面。[4]

5. 工艺领先

长沙地区战国时期的楚漆器胎型上仍以木胎为主，同时在此地首次发现了夹纻胎。

这时期的漆器色彩，多为黑底朱纹，如彩绘凤凰漆盘，也有朱底黑纹。在黑漆底上描绘粗细不同的朱纹，再加黄色漆后，分外鲜艳，如龙凤纹漆盾。楚国漆器的描漆技法比较讲究线条的

---

[1] 诸葛锴：《墨朱流韵：中国古代漆器艺术》，生活·读书·新知三联书店，2000年，第28—29页。
[2] 诸葛锴：《墨朱流韵：中国古代漆器艺术》，生活·读书·新知三联书店，2000年，第24页。
[3] 胡玉康：《战国秦汉漆器艺术》，陕西人民美术出版社，2016年，第82页。
[4] 张荣：《古代漆器》，文物出版社，2005年，第55页。

流动之美，各种花纹的勾勒流畅不滞，韵味无穷。① 其着色讲究色调的和谐及色彩的艳丽，主要采用红、黑、黄、蓝、褐、金、银七种颜色，尤以红、黑二色使用得最多。描绘技巧的娴熟、设色和谐以及与器形的统一，反映了楚国漆器在描绘方面具有很高的艺术水平。描金绘银此时也进入漆器装饰之中。描金银是指用笔蘸金银粉在漆器上描绘装饰图案，使漆器光芒四射，富丽堂皇。② 其技艺除手绘外，还有廊花、针刻、描金、描银、锡扣、铜器装饰等。而银在漆器中的成功运用，一方面证明了战国时期楚国金属工艺的发展水平，另一方面为后来汉代金银扣器的盛行打下了基础。③

（二）巴蜀漆器

四川自古就是大漆的重要产区。《华阳国志·巴志》说巴地盛产"丹漆"。《蜀志》也说蜀地有"漆、麻纻之饶"。《史记·货殖列传》称巴蜀沃野，盛产"竹、木之器"，充沛的雨量等客观自然条件都为该地漆器的发展奠定了良好的基础。④

战国的蜀漆器以青川和荥经二县为代表，青川和荥经战国墓群出土了一批漆器，其中青川漆器为现存最早的一批巴蜀漆器。巴蜀出土漆器上铭文多次出现烙印戳记"成亭"，它与西汉初年的"成市"相同，其地点都应为古代的成都。⑤ 这些漆器主要为漆扁壶、漆耳杯、漆卮、漆奁、漆盒等。荥经战国墓中还有漆木剑，此剑是四川首次发现的仿兵器明器，制作精良。仿兵器漆器在全国其他地方不多见。

青川、荥经二县战国墓群的墓室较小，出土的漆器也比较朴素、单纯，多为单一的生活用器。⑥ 就器形而论，盘、双耳长盒属巴蜀漆器所独有。漆圆盆多为双盒相扣，这种合二为一的漆器在同时代的楚漆器中少见。

巴蜀漆器装饰中大量采用龙、凤、鸟、兽、花草和几何形等多种图形结合，用填充的手法组成连续或单独图案，构图严谨工

---

① 张荣：《古代漆器》，文物出版社，2005年，第55页。
② 张荣：《古代漆器》，文物出版社，2005年，第56页。
③ 胡玉康：《战国秦汉漆器艺术》，陕西人民美术出版社，2016年，第89页。
④ 胡玉康：《战国秦汉漆器艺术》，陕西人民美术出版社，2016年，第90—94页。
⑤ 胡玉康：《战国秦汉漆器艺术》，陕西人民美术出版社，2016年，第90—94页。
⑥ 胡玉康：《战国秦汉漆器艺术》，陕西人民美术出版社，2016年，第91页。

整，没有楚漆器那种奔放、飘逸的风采；在表现题材上也没有楚漆器中那种世俗化的宴乐歌舞、狩猎战争的生活化场景的描绘。

巴蜀战国漆器的装饰风格受到商周时代青铜器、玉器风格的重要影响，有些器物的造型和纹饰多与中原文化和荆楚文化的关系较密切，受到来自中原文化和楚文化的影响。[①] 针刻是战国巴蜀漆器开创的代表性手法，运用钢针来表现云气纹和动物纹，线条纤细流畅，具有独特的味道。此外，战国时期巴蜀漆器已经开始将铜扣装饰到漆器上，表明了金属工艺的发展水平，同时也证明了以漆木为主的漆器已经从简单的髹漆步入复杂的装饰阶段。[②]

（三）中原漆器

无论是河南卫国墓、庞家沟墓地，还是陕西普渡村墓地、张家坡墓，以及北京琉璃河燕国墓地，其中出土的漆器均属于中原文化区的西周漆器。春秋时期的山东临淄东周殉人墓，山西长治东周墓、长子县东周墓，河南光山县黄君孟夫妇墓出土的漆器，均属于中原文化影响范围圈内的漆器[③]，已出现螺钿镶嵌工艺。

较之夏商时期，西周春秋漆器的装饰纹样有了明显的变化，其装饰题材的范围出现了植物与人物题材；装饰纹样主要有饕餮纹、夔龙纹、凤鸟纹、弦纹、雷纹、云雷纹、回纹和涡纹等。中原文化漆器上的几何纹样数量不多，其作用与同一时期战国时期中原地区的青铜器上的弦纹用法大致相同，只是作为主要图案的衬托；其图案主要有方形和圆形两种，形式比较规整，组合构型的变化不大。[④] 方形图案主要施于案上，圆形图案主要施于盘上。[⑤] 用色以黑地绘红彩为主，题材分为几何图案和写实图案两大类。几何图案深受青铜器装饰的影响，如浪花纹、波状勾连纹与青铜器的窃曲纹、环带纹基本相同；简化的雷纹、

---

① 胡玉康：《战国秦汉漆器艺术》，陕西人民美术出版社，2016年，第92页。
② 胡玉康：《战国秦汉漆器艺术》，陕西人民美术出版社，2016年，第90—94页。
③ 张荣：《古代漆器》，文物出版社，2005年，第14—20页。
④ 张荣：《古代漆器》，文物出版社，2005年，第20—24页。
⑤ 张荣：《古代漆器》，文物出版社，2005年，第23页。

方格勾形纹也源于青铜器的雷纹。写实图案的构图严谨规矩，用笔一丝不苟，线条纯熟流畅，其技法以勾线为主。同时，动物纹样逐渐抽象，大量的几何纹样出现，到了西周晚期，已经出现了几何图样占主导地位的现象。

二、周代漆器中的文化交流

中国的古代文化是多元复合的，它的主体华夏文化是二元耦合的。所谓二元，就方位来说是北方与南方，就流域来说是黄河与长江。如果说中原文化是龙的文明，代表者为黄河文化，那么，楚文化就是凤的文明，代表者为长江文化。长江文化与黄河文化互相交融。战国时期正是南方楚文化的鼎盛时期，这时期的楚文化影响了当时的整个南方地区，与北方即中原文化有明显的不同。从周代漆器中就可以明显感受到二者的区别：中原漆器雍容典雅、厚重敦实、简约规范、缺乏变化，体现出严谨、庄重的艺术风格，讲求实用、朴素低调；楚漆器华丽秀美、工艺繁杂、漆绘繁复，艺术风格飘然灵动，彰显浪漫主义色彩。

南方楚文化与中原文化的交流以龙的艺术造型为例，龙本来是中原民族崇拜的图腾，由于工艺思想的交融，崇凤的楚人也接受了龙纹。周人龙纹追求素朴、简洁和秩序感，楚人龙纹则注重形象的生动和气势。两周时期，特别是东周时期，地区之间的战争和冲突加速了工艺的交流。晋楚争霸实质上就是中原文化与楚文化之间的碰撞与交融，在文化的交流渗透之中，审美观念也必然相互影响。如在河南出土的楚式铜方壶与郑国墓出土的莲花方壶极为类似，这通常被看作晋楚争霸促成工艺思想交流的结晶；在楚地也多处发现了西周中原文化遗址、西周中原墓葬等。[①]

结　语

中国是世界上最早发现和使用天然漆的国家，两周时期的漆器在中国艺术发展史上具有非常重要的地位，是中国漆器发展史上最

---

① 吴文清：《两周中原与楚文化视野下的器物工艺比较研究》，山西大学博士学位论文，2011年。

生机盎然的时期。得益于漆树种植业的完善、铁器时代的来临、青铜艺术的奠基、医学的进步等物质条件，以及思想观念转向理性，两周时期的漆器发展达到了第一个巅峰。

第五章
秦泥封：媒介视角的多重身份解读

引　言

　　泥封的使用最早见于先秦文献，比如《周礼》《左传》中的"玺之""玺书"等。① 现存发现的最早实物泥封大约产生于西周晚期，于山东泗水尹家城出土，是一方"兽虞"泥封②。泥封与甲骨、简牍同为近代发现的中国古文字遗存。但与玺印相比，泥封被发现并作为研究对象晚了一千多年。究其原因，主要可能是与泥封最初被发现时被误认为"汉世印范子"有关。刘喜海根据《后汉书·百官志》守宫令下本注"主御纸笔墨及尚书财用诸物及封泥"，始正这类遗物名为"封泥"③。其后，王国维在《简牍检署考》中言"古人以泥封书，虽散见于载籍，然至后世，其制久废，几不知有此事实……封泥之出土，不过百年内之事。当时或以为印范，及吴式芬之《封泥考略》出，始定为封泥"④。由此书，亦开创了以封泥文字证史、补史的先河。一些学者认为守宫令下本注所言"封泥"是指用以封缄物品的黏土，而非钤上印章的"封泥"，所以两者之间还是有区别的。赵平安认为，钤印的封泥应称为"封印"或"封章"，先秦因印多称玺，钤玺封泥则可称为"封玺"⑤。周晓陆认为，按文献称谓以"泥封"为宜⑥。虽然关于称谓的分歧一直存在，但目前研究多延续了"泥封""封泥"的叫法，本文亦称其"泥封"，以突出其作为封缄之物的性质和功用。

　　所谓"百代都行秦政法"⑦，秦政在中国政治史的演进上具有重要地位，其促成了血缘政治向地缘政治的转变，为中华文明走向世

---

① 陈根远：《秦封泥的价值与意义》，《中国书法》2022 年第 8 期，第 31—34 页。
② 马良民、张守林：《山东泗水尹家城出土封泥考略》，《考古》1997 年第 3 期，第 77—79 页。
③ 周晓陆、路东之：《秦封泥集》，三秦出版社，2000 年，第 7 页。
④ 胡平生、马月华：《简牍检署考校注》，上海古籍出版社，2004 年，第 99 页。
⑤ 赵平安：《秦西汉官印论要》，《秦西汉印章研究》，上海古籍出版社，2012 年，第 132 页。
⑥ 周晓陆、石易珩：《考古学对玺印文化的贡献》，《二十世纪出土玺印集成》引言，中华书局，2010 年，第 73 页。
⑦ 毛泽东《七律·读呈郭老》："劝君少骂秦始皇，焚坑事业要商量。祖龙魂死秦犹在，孔学名高实秕糠。百代都行秦政法，十批不是好文章。熟读唐人封建论，莫从子厚返文王。"

界打下了坚实基础。秦跨越了早期文明国家第一阶段和第二阶段，见证了社会生产力关系的突变，经历了从"天下分"到"天下合"的过程，更是在一统后，奠定了中国此后2000余年政治制度基本格局以及中国大一统王朝的统治基础。秦泥封[1]是继秦简之后对秦史、秦文化研究的重要资料库。罗振玉在《郑厂所藏封泥》的序中所言"古封泥于金石学诸品中最晚出，无专书记录之，玉以为此物有数益焉：可考见古代官制以补史乘之佚，一也；可考证古文字，有裨六书，二也；刻画精善，可考见古艺术，三也"，精准指向了秦泥封这一历史载体对秦代职官体制、行政地理以及艺术审美等层面的多元化重要研究价值。

　　回顾现有研究，国内学者从历史学、考古学、金石学、艺术学等角度对泥封进行了较多研究，一是在考证以及完善秦代政治体系、地理范围方面取得较为明显进展，比如《秦封泥集释》《中国古代封泥全集》《秦封泥与官制研究》；二是在封泥断代与辨伪方面取得了一定成果，比如孙慰祖提出的基本分型法[2]；三是在篆刻、书法等艺术品鉴方面也取得了较多成果，比如字体字形研究[3]、对赵古泥印风[4]的影响。可见，现有研究多聚焦细化的分支以及总体的考释工作；缺少审视泥封这种文物作为媒介的独特身份的相关研究。秦泥封这一媒介，不仅在空间维度上描绘了秦代政治、社会、经济生活百态，而且在时间维度上见证了用印等规制以及社会治理等理念在秦代及其前后朝代的传承性与发展性，并进一步跨时空提供了古今文明对话的场域。因此，本章旨在探讨媒介视角下秦泥封的"多重身份"：一是秦泥封蕴含的社会文化、精神内涵以及治国理政思想；二是秦泥封在不同时空维度上的主体身份差异（秦代、秦及其前后时期、秦代与当代）。

---

[1] 本章所述"秦"时间范围包括战国时期的秦国以及秦始皇统一六国后的秦朝。
[2] 孙慰祖：《论封泥本体研究的拓展》，《中国书法》2022年第8期，第5—21页。
[3] 唐际齐：《秦封泥文字研究概述》，《中国社会科学报》2023年2月27日，第5版。
[4] 余霞：《论封泥对赵古泥印风的影响》，华东师范大学硕士学位论文，2016年。

第一节　泥封、封检与护封

粗略而言，泥封是"古代抑印于胶质黏土，用以封缄物品或简牍，作为目验玺印的施用，以仿奸宄私揭窃拆的遗迹"。同时，"印蜕"也起到了凭信、权威身份的象征。孙慰祖指出："除了封物、封书简以外，在古代封闭关门、府库也用封泥。"①

《说文》："检，书署。"注曰："书函之盖三刻其上，绳缄之，然后填以泥，上而印之也。"《释名·释书契》："检，禁也，禁闭诸物使不得开露也。"封缄时古人使用一种专门的木制用具，当时人称之为"封检"，长方形，有厚度，中间挖有凹槽。古人将绳索于凹槽内打结，结上施以封泥，并在封泥上钤印检验者所代表机构或身份的印信，谓之印封。至于检楬，《说文解字·木部》曰："楬，桀也。"段玉裁注云："楬櫫见《周礼注·职金》'楬而玺之'，注曰：'楬书其数量以着其物也。'今时之书有所表识，谓之楬櫫……《广韵》曰：'楬櫫，有所表识也。'"也就是说，"楬"的本义是对物品的揭示和说明，相当于物品上的说明标签。

可能是出于最大限度保护封泥印文的需要，出现了一种"护封泥"的辅助措施，即利用另一块泥团覆盖在封泥表面。孙慰祖首先指出了这一现象，他在研究中发现《封泥考略》著录的"薛令之印"及"卫士令印"均为阴文反字，且泥背不见绳纹及板痕，仅有揉捏的指纹痕迹，并就此指出这一类应为保护或密闭印文内容采取的措施，可以称为"护封泥"。②

综合以上，三者是在完成封缄过程中相辅相成的部分。

第二节　中国泥封发展的阶段性特征

作为玺印的用印方式，追踪泥封的发展历史必须结合古玺印的生命周期。中国印史根据用印方式可分为封泥时代和钤朱时代两个阶段。前者最迟始于春秋战国，终于南北朝，其与古玺印制作由盛

---

① 孙慰祖：《封泥：发现与研究》，上海书店出版社，2002年，第8页。
② 孙慰祖：《封泥：发现与研究》，上海书店出版社，2002年，第59—60页。

转衰的过程相重合，又早于古玺印废止。具有保密和信物凭证功能的玺印最晚在春秋时期就已经得到普遍应用。古玺印是我们目前所能见到的最早的印章，通常指秦国在统一六国以前各国所使用的印章，战国时期的古玺印尤为丰富多彩，包含六国古文。战国时期，工商业得到发展，各国各地区经济交往频繁，玺印逐步被推广到商业和公私书信来往中。秦统一六国后，规定皇帝的印独称"玺"，臣民只称"印"。汉代也有诸侯王、王太后之印称为"玺"的。秦汉时期，处于整个中国走向大一统时期，是不断将不同地域特色融入中原文化的过渡时期，该时期属于泥封发展的成熟期，伴随着用印的高潮，"印宗秦汉"即来源于此。秦汉魏晋皆有统一印制，南北朝因之。后简牍易为纸帛，封泥之用渐废。

一、成长期：两周时期·文明礼制强化

夏商周时期是中国王朝产生和发展的重要阶段，创造了灿烂的文明，青铜器和甲骨文反映了当时高度发达的文明。在生产力发展的基础上，出现了社会分工和社会分化，形成了阶级、王权和国家。目前所见年代最早的封泥，是近年报道于山东泗水尹家城出土的一方封泥，其年代约在西周晚期。西周初年，周王通过"封邦建国"，册封自己的至亲和功臣到各地建立诸侯国，实现了商王朝未能实现的，中原王朝对王畿之外广大地区的稳固统治。在继承夏商礼制的基础上，周王朝完善了礼制体系，形成了以青铜器的种类和数量差别构成的器用礼制，以此明确等级。这种器用等级差异在西周时期被不断强化，逐渐扩展到衣食住行的各个方面。西周是中华文明进程中十分关键的时期，以分封制、宗法制、礼乐制为特征的文明形态，以周天子为核心的天下共主的国家结构，进一步强化了夏商以来的中央集权制度，为秦汉统一多民族国家的形成奠定了坚实基础。

东周时期，即春秋战国，诸侯争霸，政治交流需求增加；同时，生产关系的变革促进了生产力的发展，手工业、商业贸易繁荣发展。作为凭信防伪的标志，泥封的实用性作用开始显

现。目前发现的泥封实物多归属于战国时期，在封检用途上多见于直接封物（或者直接封于绳结处），与世界其他地方早期封物形式类似。在封检形制上，泥封尚多简易，背部多呈现多道绳痕；或将泥裹在绳子上捏出不规则团块（现体现在泥封背上绳孔）。在文字本体上，由于齐楚燕晋秦等诸侯国文字体系的差异，这一时期的古玺印风格迥异，文字为两周至战国古体。总体而言，初步推断泥封形制在该时期未成体系。比如，比较典型的代表有"郴吴""御府之印"。

二、成熟期：秦汉时期·秩序等级严格

从考古资料来看，泥封在秦汉时期使用较多，传世泥封实物尤以秦汉居多，用于密封保护公私简牍文书、装有物品的器皿以及门户等。"西共丞印"是发现最早的秦泥封实物。现已发现公布的秦泥封超过万枚，2000多品类，尤以相家巷出土为多。

（一）秦汉泥封发展的主要推力

秦汉泥封发展的主要推力来源于内驱与法治。秦汉时期，在政治层面，用印制度得到规范，印章范围逐渐扩大为证明当权者权益的法物，为当权者掌握，作为统治百姓的工具，泥封作为权威与凭信的象征性作用得以凸显；在经济层面，封建土地私有制得以确立，铁制工具的广泛使用促使生产力得到进一步发展，封建经济得到初步发展。与此同时，秦的政治统一和统一货币、文字与度量衡等措施都有利于社会经济文化的发展与交流，泥封作为人与人社会交往与经济往来的信物展现了强大的实用特性。

1. 精神思想：理性价值取向的转变

在春秋战国时期，私学兴盛，百家争鸣。儒家自然观继承了西周以来传统的天命观，不仅承认天的存在，而且将天命与人事相联系，强调在人事活动中去体认天命，同时摒弃了上古时期对自然现象的解释，形成一定的人文理性精神。《孟子》中的"天时不如地利，地利不如人和"就大大凸显了人的主观能动性，具有较为强烈的理性主义精神。极富浪漫主义色彩的《庄子》看似想象漫无边际，然皆有根基，重于史料议理。

随着各诸侯国战争频繁，周天子对各诸侯国的政治约束力和控制力减弱，礼崩乐坏，"诚信"便成为人与人相处、国与国相交的基

本规则，尤其是在当时的军事活动中。先秦诸子中法、道、墨等各家虽然主张各异，但对诚信思想都高度关注，各有论述。《管子·枢言》云："诚信者，天下之结也。"西汉时期，仁义礼智信被作为基本纲常，这在《史记》的记载中也有集中体现。自商鞅变法以来，秦国奉行法家思想，反对人的智力活动与思考，坚持"壹教"，崇尚实务。因此，泥封一定程度上作为诚信与法制的载体在这一时期顺应"理性价值"取向趋势，中国的"契约精神"也在此时开始萌芽。

2. 行为制度："大一统"等级秩序的强调与发展

"大一统"思想源于三皇五帝时代，萌芽于夏商西周时期，形成于春秋战国时期，最终实践于秦并六国一统天下，繁荣于秦汉及之后时期。其以"天下""海内"疆域的统一，华夏与四夷多民族的统一和文化认同为主要追求[①]。秦汉时期正是"大一统"理念完全定型的关键阶段，秦汉文化的本质实际上就是"大一统"的文化；高度推崇国家的统一，民族的融合，泥封即成为互通信息和情谊的重要载体。保密与封建君主制的巩固和封建王朝的利益紧密相连。秦一统后，打破了旧有的政治生态，尤其是"书同文""车同轨""量同衡""行同伦"等措施为"大一统"打上了鲜明的标志，中华文化的主流文化得以一体延续，地域文化、民族文化既多元绽放，又持续汇入主流，形成了基于统一的民族观、国家观、文化观、价值观。基于对国家治理和行政管理的进一步规范，泥封作为印章的印蜕是国家行政机构行使职权的凭信与权威象征，同时，私有制封建经济的初步发展促使个人信誉在社会以及经济活动中的作用增强。

3. 物质基础：玺印、木简案牍的快速发展

鲁迅先生曾言："尝闻艺术来源于致用。"泥封的发展自然离不开与其配套存在的玺印、木简案牍。战国时期，铁工具已经开始广泛使用，农业生产力提高，促进了手工业与商业在列国间的广泛发展，社会分工的全面施行以及个人信誉在社会活

[①] 欧阳坚：《秦文化与中国"大一统"思想的形成》，《甘肃社会科学》2022年第4期，第26—32页。

动中的作用增强，官署和私人的印章全面发展，印文书法结构丰富多样，并出现了具有地域特点的印纽和印文，所谓"六国文字"。秦一统后，推行"书同文"政令，玺印文字、钮式逐渐趋向统一。与此同时，与中央集权的封建政治相适应的官印制度也开始建立，至西汉时期臻于完备。得益于政治层面的推崇、社会经济活动的需求，玺印在这一时期的快速发展直接反映在它的用印形式——泥封上。此外，里耶秦简牍[1]的出土进一步表明了简牍在秦代的广泛使用，而泥封是简牍最好的保密防伪方式。

（二）秦泥封的主要特征

对秦泥封的断代与辨伪现多从泥封文字内容以及泥封本体展开，其中本体又包括印文形制（界格、字数、大小）、文字特征（字体、字形）、封检形制（泥背、形状）。同时，已经经过不同学者确认的一批秦泥封标准品亦成为重要参考。

秦泥封文字内容大多是秦代官职以及地理区域范围，因此对秦相关考古资料的使用成为主要依据，包括《史记》《后汉书·地理志》《中国行政区划通史·秦汉卷》《汉书·百官公卿表》等以及已经考古证实的秦代文字参考内容，比如石鼓文、秦简牍、秦瓦当文字等。

在对秦泥封的本体研究上，对于印文形制，存在以下几个特点："读法不同"、多有界格、印面较小。根据秦代的玺印制度，"高级官员一人可能有两枚或两枚以上官玺，官玺会重铸，磨损严重的官玺要作为废料回收，但对印文顺序没有硬性规定"[2]。这应该是秦封泥中出现读法不同和"同文异印"现象的制度原因。秦泥封文字多为两字或四字，少量三字、五字。两字封泥读法较为简单，从上至下读，或从右向左读。四字的读法较为复杂，赵平安总结四字秦印读法，按照从上至下读，或从右向左读，共分为八种：1234、1324、1432、3214、3124、1423、2314 和 1342。第一种读法的封泥占绝大多数[3]。对于界格，可以确定的是，秦印界格形制在战国时期并未完全确定，秦一统后呈现规范化发展趋势。秦统一前，多是口字格

---

[1] 里耶出土秦简的数量是此前全国发现秦代竹简总和的 10 倍，总计 20 余万字；已清洗的秦简纪年从秦王政廿五年（公元前 222 年）至秦二世胡亥二年（公元前 208 年）。

[2] 张润锴：《秦封泥研究》，西北师范大学硕士学位论文，2019 年。

[3] 赵平安：《秦西汉官印论要》，《秦西汉印章研究》，上海古籍出版社，2012 年，第 1—3 页。

（少量为无界栏）印；统一后，多为"田"字界格、"日"字界格，且文字与界格之间保持了较多间距。此外，秦印形状较小，据拓片测量，净印面边长参考值在2.0～2.1厘米，有小部分仅仅1.6厘米。

在文字特征上，秦系文字在西周金文的基础上发展，其字形逐渐规范工整，书风以工稳端庄为主，已经有着严谨的结体法度，并伴随出现隶化现象。秦系古玺中的文字字形一般略长，线条以圆转为主，富有笔意，行笔流畅自然，但结体相较于其他系文字略微松散。具体而言，秦泥封文字为小篆，部分文字呈现古意，印文线条较细而浅，体态紧凑，横笔具有明显的弧势，转折保持较多圆意；布局上不拘泥于均等安排。此外，私印文字呈现草率恣意、较平实茂密格调，印文风格相对工整。

在封检形制上，根据孙慰祖的本体ABCD分型方法，秦泥封以A1为主，A2并存，且偶见E型以及世界早期直接封物的一些简易形式。A1型泥封近圆形，泥背见宽带状束缚痕，有简痕，或者嵌入泥中的细绳孔，背部大多可看出篾片一样的组织结构，比较平坦，略显弧形；有时见细的绳痕（检痕较宽的情况下多出现，有时可看到检的尖端）；A2型背面检痕甚宽，不见边缘，呈平面状态；有的表面没有宽带纹，有的有较细的绳纹或者带状，绳纹横向平行，中贯于泥背；属于典型的平检样式；E型近圆形，抑印一面稍平，泥背有交错编织篾痕，似一竹篾编成之盛泥之器，姑称之为"篾囊"（不具备断代意义）。关于A1式样，西汉初期的泥封背面检痕大多较秦代增宽。此外，秦汉时期封检用绳多样化，"麻制为多"[1]，泥封背部多见草痕[2]。秦代未见对封泥用泥的制度性规定，用泥应该来自各郡县所属地（黏性较好的土），比如关中的黄泥、甘肃南部的紫泥，以及山东东部的青泥。汉代似乎已有专门机构颁用公印封泥所使用的胶泥，《三秦记》云紫泥水在今成州。《舆地志》云汉封诏玺用紫泥，则此水之泥也。[3] 王国维、王献堂比较趋向于"封泥除

---

[1] 王献唐：《临淄封泥文字叙》，山东省立图书馆，1936年。
[2] 吕健：《汉代封泥的考古学研究》，南京师范大学博士学位论文，2017年。
[3] 司马迁：《史记·高祖本纪》，中华书局，1959年，第363页。

尚方外，类就所在泥土，制而用之，各地土质不同，色亦以异"。从现有泥色上来看，各地出土者不尽相同，但以黄褐色、红褐色、青色等为主，这也是各地黏性较高泥土的相似特征。泥料的质地以细腻者居多，这说明在原料选取时有一定的标准，部分地区受条件所限而因陋就简。出土的泥料多呈块状或圆饼、圆球状，总的来看个体体量不大，或与其规范性的贮存方式有一定关系。秦封泥质地普遍较为松散，但并不粗糙；西汉时期泥的使用已有规制，颗粒度更细。

三、衰退期：南北朝时期·纸张技术变革

至南北朝后期，封检之制逐渐为纸张所取代。"钤朱先行，官印形态改变在后"[1]，南北朝官印虽然以阴文为主，但已经开始钤朱用印，至北朝后期出现阳文官印，完成了形态上的改变。此时的官印也有直接示人的作用，部分作随葬所用。杨逸云从官印文字方面论证了南北朝时期泥封使用的衰落，"秦汉时期的官印打在封泥上的笔画均匀，深浅基本一致，印面平整，而南北朝时期的官印文字笔画深浅不一"[2]。这种特征在泥上不容易彰显，而在纸上更容易显露。这一时期及之后，尤其是唐代之后，泥封的使用范围、泥封形态已完全不同于之前，是封泥时代的余绪。

第三节 媒介视角下秦泥封的多重身份

历史传播的媒介本身就是一种具有文化价值的珍贵物质形态——正如泥封，这些媒介连同它们所承载的历史信息一起构成了对当时真实面貌的映照。"媒介即讯息""媒介是人体的延伸"[3] 即是对以上内涵的精准概括。当下的媒介研究已经逐渐从工具论转向本体论，研究层面更加深入，研究维度也更加多元。媒介工具论强调其传播内容的手段、技术和工具，本体论则引导人们同时看到媒介

---

[1] 孙慰祖：《中国玺印篆刻通史》，东方出版中心，2016年。
[2] 杨逸云：《从南北朝官印文字看中国古代泥封的衰落》，《西泠艺丛》2019年第12期，第31—35页。
[3] 马歇尔·麦克卢汉：《理解媒介——论人的延伸》，商务印书馆，2000年，第34—39页。

本身，它既承担着传播的作用，又是内容本身。在媒介视角下，秦代泥封传递出的社会治理与行为制度是其"第一重身份"——传播者，职官体制、地理行政以及封检形态一定程度上反映了媒介泥封工具论和本体论两个核心；秦代泥封上职官体制、行政范围以及文字特征和封检形态的传承、融合与发展，正是中华文明连续性、创新性、统一性与包容性的体现之一，秦代泥封的"第二重身份"则是作为亲历者见证了秦代文化承上启下的过程；此外，跨越时空的"交互"与"共生"构成了媒介泥封的"第三重身份"——虚拟空间，其文字本体、印制式样承载的书法价值和篆刻艺术以及时间赋予泥封的故事沉淀构成古今文明传递和对话的基础。

一、社会治理与行为制度的传播者

"窃谓封泥与古玺印相表里……其足以考证古代官制、地理者，为用至大。"[1] 无论是在秦代还是当代社会，秦泥封对秦代官职体制、地理行政方面信息的重要传播作用不言而喻。同时，一定程度上，泥封本体的封检形态也传递了秦代社会治理的观念。

1. 百官书、地理志与治国理政思想传播

其一，在秦代，从工具论视角来看，泥封是权威、凭信的象征。泥封上面传递的玺印信息（官职名称、地理行政）对所有接触者来说是权威的象征，正如"季武子取卞，使公冶问玺书，追而与之"[2] 所述，又见"苏秦佩六国相印"。同时，泥封于最终接收查验的人来说又凸显了凭信的作用，所谓"印者，信也"[3]。从本体论视角来说，泥封所获得的这一种主体性地位，潜移默化中对当时的社会形式产生了影响。泥封整体的封检形态侧面体现了秦代社会治理思想与制度，尤其是中央集权与法制色彩。具体而言，秦泥封的封缄用途以封案牍简书、封物为主，一方面反映了秦代文书体系的逐步完备，另一方面体现了

---

[1] 王国维：《观堂集林》（第三册），中华书局，1959年，第920页。
[2] 沙孟海：《印学史》，上海书画出版社，2017年，第3页。
[3] 刘熙：《释名》，中华书局，2016年。

秦代人们的日常行为逐步遵从统一的道德与行为规范，即社会约定俗成的习尚，这与为加强中央集权而推行的"书同文、车同轨、行同伦"密切相关。同时，封检形制在秦代的进一步规范化发展（以平检为主）契合秦代尚一、尚法的发展主流，体现了法律规范共同制约的意识。法家倡导的图强变法与秦不谋而合，最终秦代形成了以法家思想为主的秦文化。

　　用印以及封检制度规范化发展趋势正是秦代社会治理法制色彩与尚一思想的集中体现之一。政治基础与用印制度相辅相成。秦代实现了从王权向皇权政治形态的转变，以郡县制为主的新型政体得以形成，从中央到地方基层的官印有了严密的制度性规范。"秦汉实行职官、官署印并存而以职官印为主的制度"①。官署所发文书（行政机构上下级往来涉及行政命令传达、回复或者律令公布等事项）必为官署印，比如里耶秦简中所发"署书"，用印为"沅阳印"。官吏印由秦中央下发各级官员，于行政事务（官员信息传递、官方文书往来）中使用，行使权力的同时代表身份和地位，比如"右丞相印"。同时，秦对印章作伪具有详细的处罚规定，处罚程度随伪造不同等级的官吏印改变。泥封作为这一时期用印的主要形式，具体的使用涉及封检制度。所谓封检制度，就是将简册书写完成后卷束，在外附"检"，以特殊材料捆扎，并在检绳上摁压泥团后加盖印章②。待封泥干后（有一部分学者认为有轻微烘烤过程），绳结就无法不留痕迹地解开，从而起到保密和凭信作用。虽然此制度并没有文字材料的明确记载，但岳麓书院1162号简有"令曰：书当以邮行，为检令高，可以旁见印章，坚约之"等记载，该律令提供了规定"封检、封泥缠束"的最好证据③。秦泥封中也见文书方面职官可提供秦文书制度之佐证，比如"诏事丞印"，秦代郡县上报文书一般由副职"丞"封缄。秦逐步完善的交通网络、文书行政律法、文书传递系统等促进了中央与地方的交流，巩固了基层统治，为加强中央集权、维护国家统一方面发挥了重要作用。无独有偶，《论衡·别通篇》

---

① 孙慰祖：《可斋论印三集》，上海辞书出版社，2007年，第14页。
② 李超：《秦封泥与封检制度》，《考古与文物》2019年第4期，第80—86页。
③ 李超：《秦封泥与官制研究》，陕西师范大学出版社，2021年，第12页。

云:"汉所以能治九州者,文书之力也。以文书御天下。"① 汉代的文书制度对社会治理发挥了尤其重要的作用。

统治者将朝廷意志、思想投射于媒介,以实现国家对民间社会事务的有效管理与控制。这与"藏礼于器"② 有异曲同工之妙。

其二,对当代社会而言,秦泥封上面承载的官职、地理信息,极大地丰富了秦代史料。比如,史料确认秦始皇御玺上有"皇帝信玺""皇帝行玺"等文字的可能性,但以封泥封缄方法论,传世的泥封"皇帝信玺"又存在诸多不合理之处。从太尉职属论,太尉在秦代虽有三公之名却未有三公之实,参《周礼》《史记·秦始皇本纪》可见秦时太尉负责举荐豪杰贤良之人,尚未成"掌军事"之实。在地方上,秦时实行郡县制,县下设乡,乡下设亭,亭下设里。《汉书·百官公卿表》中的许多职位在秦封泥中可被证实,同时秦封泥所见职位大大超出文献记载,比如秦时在各地设立的官营性质的手工业机构③。

"园邑之兴,始自强秦。"④ 我国古典园林的奠基时期则在秦汉⑤。秦泥封向世人传递了秦时广筑苑囿的重要信息。比如,在秦泥封中,关于都邑的记载,除了秦统一后的都城咸阳,还包括之前的西犬丘、雍、泾阳等。

2. 人间世与社会风貌纪实

除了经常提到的物资运送及各级官府的文书外,泥封还被大量运用于私人信函乃至丧葬礼仪等领域,与此同时,这些带有明显生活实用性质内容的泥封,侧面反映了秦向农业经济转变过程中,呈现出从崇礼尊制向尚用的一种"功利化"价值观变迁趋势。这里以道德教化、生活器具、商业贸易。

(1) 道德教化。秦封泥所见中有"思言敬事""忠仁思士"⑥等吉语印,反映了当时人们对于修身教化的一种精神层面的追

---

① 韦春喜:《秦汉文书行政制度与公牍文写作》,《中国社会科学基金报专刊》,2022年。
② "礼"的意义更多地表露在其内涵的设计思想与外延的物质载体间的相互适应中。
③ 王伟:《秦玺印封泥职官地理研究》,中国社会科学出版社,2014年,第225页。
④ 见《后汉书·东平宪王苍传》。
⑤ 徐卫民:《秦封泥与宫室苑囿研究》,陕西师范大学出版社,2021年,第124页。
⑥ 刘瑞:《秦封泥集释》,上海古籍出版社,2021年。

求。这些吉语印,或称箴言成语印,起于战国而盛于汉代。因为古人拜天信神,做事多尚吉祥,故专门将一些带有吉祥意义的词语刻入印章。战国时吉语印多在三个字以内,如"昌""正行""得志""行吉""有千金"等。秦代常见"和众""敬事""相思得志""思言敬事""宜民和众"等。汉代一般为"日利""今日利行""日入千万""长富贵、乐毋事""永寿康宁""利行""日利长年"等。

(2) 生活器具。秦泥封中有"少府""邦都工室"等,文献记载前者"为中央各职官机构设立的工室,以制造兵器为主,同时兼顾皇帝和后宫日常所需的生活用器",后者"以制造生活用器为主"[1]。铁器生产在秦代逐渐兴盛,比如生产工具、农耕用具、生活器具以及军事武器等。秦时已有管理盐铁市以及征收盐铁税之官吏[2],比如"西盐"。

(3) 商业贸易。秦泥封见"啬夫",其职责包括管理财务、统计账目、监督商业活动等。秦人立国多以农战而论,重本抑末,然而随着秦王朝一统大业的完成,商品经济进一步发展。同时,秦中央又将商业活动依照《周礼》之规纳入"法"之轨道,从而给工商业的发展创造了诸多条件。"印"字的古释为"信用",随着社会经济的发展,泥封作为人与人往来的凭证和经济交往的信物得到广泛使用。

二、中华文明连续性、创新性、统一性以及包容性的亲历者

习近平总书记提出"中华优秀传统文化有很多重要元素,共同塑造出中华文明的突出特性",并以"连续性、创新性、统一性、包容性、和平性"对中华文明的突出特性作出了全面概括。在中华文明发展的历史长河中,文化传播的媒介、方法、行为等要素让中华文明的连续性、创新性、统一性、包容性和和平性在传播过程之中得到溯源与阐释[3]。

---

[1] 王伟:《秦玺印封泥职官地理研究》,中国社会科学出版社,2014 年,第 234—237 页。
[2] 桓宽:《盐铁论》,中华书局,2011 年,第 3 页。
[3] 熊澄宇:《关于新时代传播与传承互动的思考》,《中国记者》2023 年第 7 期,第 4—7 页。

1. 统一性:"大一统理念"传承与创新发展

夏商周三代都保持了相对长期的社会稳定,在文明上都表现出了内在的传承性与阶段发展性特征。文献记载和考古文化表明,春秋以前,中国已经出现了初步的一统观念。"普天之下,莫非王土;率土之滨,莫非王臣。"大一统理念的确立进一步促进了中华文明的文化认同,成为保障中华文明连续性的强大精神力量。秦并六国后,中国大一统的历史正式开始,并由两汉所继承和发展。大一统保障着中华文明从未中断、不断生长。

秦代泥封之上文字所记载的中央和地方官职、行政地理范围以及其所反映出来的用印规范、封检形制正是对秦代实行皇帝制度、中央集权制度、郡县制以及"车同轨、书同文、行同伦""编户制度"等"大一统政策"的最好证明;秦泥封经历了从"天下分"到"天下合"的重要过渡时期,处于不同区域文化向中原文化融合过渡的时期,早期泥封形态纷繁而中后期呈现规范统一。

2. 连续性、创新性与包容性:秦泥封本体传承与创新发展

《史记·礼书》载:"至秦有天下,悉内六国礼仪,采择其善,虽不合圣制,其尊君抑臣,朝廷济济,依古以来。"这也说明,秦朝对六国文化是加以吸收而能予以兼容的[①],侧面反映了秦文化总体上的连续性、创新性与包容性。秦泥封文字特征、泥封形态体现了中华文明的连续性、创新性与包容性。

秦泥封文字脱胎于小篆的"摹印篆",其既不像战国玺印文字的奇诡,也不似汉印文字那样均匀饱满,是在秦国原来使用的大篆籀文的基础上演变而来。在结构与线条上,横笔具有明显的弧势,转折处保持较多圆意;到秦后期转折处显方,显现出秦印向汉印过渡的轨迹。小篆较之大篆,形体笔画均已省简,而字数日增,这是应时代发展要求所致。再者,秦泥封文字一定程度上又是秦玺印文字的再创:秦玺印文字均为凿刻白文,施与泥封后则变为凸起的阳文。从古文到大篆,从大篆到小篆

---

① 陈洪:《秦文化之考古学研究》,科学出版社,2016年,第252—256页。

的文字变革,在中国文字史上具有划时代的意义。

泥封封检形制经历了平检—印齿检—方槽检的演变路径,秦泥封处于中国泥封应用成熟期的初期,故而在形制上多属于平检样式,秦汉间亦有不同形制重合使用现象。比如,秦泥封封检形制以 A1 为主,A2 并存,西汉初期以 A2 为主且 A1 背面检痕大多较秦代增宽;秦泥封部分文字仍有古意,印文线条较浅而细,而西汉印文笔画粗而型腔深;秦泥封界格形制在战国时代并未完全确定,因此秦泥封存在无边栏或者界格现象,而西汉初期亦存在有界格泥封。以上亦说明"秦泥封"的时间界定上下延伸的缘由。

三、实现时空对话的虚拟空间

秦泥封不仅是时间纵通的载体,还是空间横通的场域,是时空交织下人类世界、人类文明的会通。泥封本身就是当时人对时空认知的物质体现,将当时的社会治理、行为制度、精神观念等赋予其中,秦泥封在形成物质空间的同时,又构成了现实世界的人与若干年前泥封所接触人员对话的场域,提供一个虚拟空间。而在这个虚实融合的空间内,现实世界的人进行解码读取,或情感层面的哀悼追思、感慨赞叹,或认知层面的学习模仿、欣赏借鉴。

1. 艺术审美:后现代书法篆刻的"资料库"

从艺术审美视角出发,后现代书法篆刻多提倡"印宗秦汉",因秦印的稀少(依古制,去官毁印),后世真正取法的多为汉印。而汉印的成熟可以说是以可贵的天真稚气的丧失为代价。在篆刻艺术史上,秦印恰处于一个转折点,有着承上启下的过渡作用,上承战国玺印的风格多变,下启汉印之整饬端庄。因此,秦泥封作为秦玺印的"印蜕"和"化身",为后现代印章的创作提供了更多的范式和灵感。泥封在线条形态、边沿样式、文字、结构以及意境等方面为后世篆刻家（尤其朱文印）的取法提供了丰富的参照。经过艺术家的沉浸体验和提炼，最终形成了各具风采的新的表现语言。

古玺印最能体现古人的天然拙趣，其上文字结构有的方正平整，弘"雅化"风范；有的便捷率意，带秦风篆韵；有的顾盼呼应，富有变化。同时，封泥在经历了自然的伸缩变形与人为的磨损等客观因素后，彰显了一种独特韵味，枚枚不一，貌古神虚。历经岁月打磨与沉淀的秦泥封边栏，具有特殊的意义和潜藏于内、表现于外的美，其古朴、苍拙、浑厚的风格成为后现代边栏处理中极力追求的目标。这种泥封神韵滋养了后现代诸多篆刻者的艺术细胞。中国人有独特的审美情趣，追求意境美，审美时要从面前的"物象"生出具体的感性的"意象"，再去窥探"象外之境"，以期可以达到"近乎道"的审美意境。所谓"含不尽之意，见于言外"。

2. 情感对话：古今情感的多元共鸣

泥封是秦人认知的一种物质体现，是承载历史信息的一种物质和精神综合体。在微观层面可从字形、用印方式、泥团特征、遗留指纹等方面，洞悉当时所用之人所思所想。在中观层面，封物这一思想蕴含了千年前古人的智慧，缩短了人们与文物之间的心理距离，产生"根源"感知，最终指向情感团结。在宏观层面，泥封本身就是时间的记录，溯源整体、传承统绪，是统治阶层思想理念等的凝结，可根据其上文字形态研究当时的制度、文化、技艺等，最终实现古今文明对话。

3. 封物本质扩展：多领域的创新性运用

封物本质的创新性运用，随处可见。酿酒、腌菜保持了泥封直接封物的传统；密封试卷、文书等保留了泥封的本质，以封条、邮封等取代泥团；活跃于物流领域的铅封是保留封物思想的阶段性发展成果，进一步实现了保密性能的提升；科技赋能的"链章"则是基于区块链技术诞生的最新智能管章控章的变革性产品。此外，随着造纸术一同传入西方的中国泥封技术演变为封蜡（亦称"火漆""封口漆"），走出了一条别样化路径，反映了文化碰撞与交融之美。从古至今，对内，各民族不断的交融，为中华文明发展增添无尽的生命力；对外，中华文化一直秉持对世界文明兼收并蓄的开放胸怀。

结　语

本章通过多时空维度剖析泥封这种文物作为媒介的"多重身份"，使其具象化、接地气，拉近民族传统文化与人们生活的距离，这样才能真正让文物跳出传统的、仅做展览的"历史文物"窠臼，真正让文物"活"起来；进而扩大受众群体，让更多人可以近距离触摸到一个深邃而幽远的历史空间，感受到中华文明的源远流长，最终促使像泥封这样承载国家形象和民族特质的"时空使者"真正达成使命——增强民族认同与文化自信，筑牢中华民族命运共同体。

第六章
汉墓：文化于媒，礼入于法

引 言

考古学以古代人类通过各种活动遗留下的物质性遗存为研究对象，旨在还原古代社会生活的真实情状和历史发展规律。遗存体现着特定时代和地区的人类生产生活实践和社会运作模式，蕴含并传播共同的思想、观念、精神等文化价值。通过对遗存的分类和"标型"，考古学建立起古代社会的编年序列和文化谱系的进化类型，为个体、区域社会和国家在当下及未来的生存发展提供建设性的启示与理论支撑。

两周至秦汉是由"古国""方国"向"帝国"转变的关键时期[1]，是从血缘政治、地缘政治并重，向以地缘政治为主、血缘政治相结合转变的重要时期[2]，同时也是汉族作为一个"民族实体"的育成时期[3]。从先秦到汉代，中国从思想到实践层面实现了"大一统"，在相对稳定的政治经济与社会生活环境中，物质文化得到极大发展。作为我国历史上第一段高度统一的时期，汉代遗存体现出多元统一结构的考古学文化——汉文化。这种由多元分裂走向大一统的汉文化是如何形成的？物质实体的遗存在文化演进中扮演了什么样的角色并在其中如何交织互动？汉文化的统一性过程如何为现代社会所借鉴？

第一节　媒介化：分析汉代社会治理的新视角

公元前 221 年，秦成为中国历史上第一个制度统一的王朝，如何应对各个地区的差异性文化，塑造和谐稳定的秩序，是其面对的首要问题。秦以强制性的法律手段，设郡县、施秦律，在政治制度层面进行统一管理，但这种生硬且操之过急的做法导致了秦朝的迅速消亡。汉代的思想家和政治家们既"疾秦酷法"，却又不知据何法宝治理新

---

[1] 苏秉琦：《中国文明起源新探》，生活·读书·新知三联书店，2019 年，第 141 页。
[2] 刘庆柱：《中国古代都城考古发现与研究》，社会科学文献出版社，2016 年，第 989 页。
[3] 费孝通：《中华民族多元一体格局》，中央民族大学出版社，2018 年，第 27 页。

世,于是西汉初期进行了"郡国并行制"的探索,在西边沿袭秦朝的郡县制"奉汉法以治",在东边封诸侯王、允许各王国从俗治理。然而这一举措也并未解决根本问题,开国君主刘邦、吕后去世后,中央权威依然受到诸侯王的极大威胁。秦朝和汉初的政治实践证明单纯依靠强制性的权力管理并非维持国家长久统一稳定的良策,作为"群体在社会生活中形成的生存方式的总和",实现移风易俗和文化认同、彻底解决思想观点和心灵秩序上的差异矛盾才是国家和民族大一统的深层目标。由此,汉代儒生们提出了"德教"这一温和渐进的政教方式,自上而下、由近及远、由浅入深地逐步推行风俗教化,实现文化与法度的统一,最终用制度形式把教化成果固定存续。

治理作为一种国家、社会结构关系的抽象结果,既指涉自上而下的强制性权力运行,也指向具有文化意义的建构性互动过程。① 自秦中央集权后到西汉末期的两百年间,两大帝国均致力于将先秦不同文化圈和价值观的区域文化,化形为适用于地缘政治国家治理需求的核心文化价值体系,由此完成政治制度的垂直管理并赋予权力正统性和合法性地位,真正实现了大一统式的国家认同。以考古学视域观之,物质遗存实体承载着文化形成与发展的核心基因,是不同时期的社会治理体系、宇宙观与价值观的共同产物。② 戈登·柴尔德(Vere Gordon Childe)直言"考古学文化"即"一批总是反复共生的遗存类型",对应着"拥有共同传统、生活机构以及生活方式的某种特殊社群"。③ 俞伟超通过对汉代遗存透视分析,将汉文化归纳为"三纲五常"道德观和"天人感应"世界观。④ 汉代社会从差异走向统一的关键过程在于对文化的治理,而统一文化和实现认同的过程通过切实可见的遗存得以承载和传递。在传播学视域下,考古遗存

---

① 胡键:《治理的发轫与嬗变:中国历史视野下的考察》,《吉首大学学报(社会科学版)》2021年第2期,第11页。
② 段清波:《论文化遗产的核心价值》,《中原文化研究》2018年第1期,第102页。
③ Childe V. Gordon. *Races, Peoples and Cultures in Prehistoric Europe*. History, vol. 18, no. 71, 1933. pp. 198−199.
④ 俞伟超:《古史的考古学探索》,文物出版社,2002年,第188页。

勾连起有关文化信息、技术实体和社会关系的传播活动，媒介属性明显。① 换言之，汉代社会对文化的治理蕴含着媒介化的运行逻辑，这一过程连接着文化价值与意义生产，暗含着物质媒介的实践和操作。

围绕媒介展开的传播活动贯穿于人与社会生活的各个环节之中，遗存媒介构成了汉代社会的一部分，"媒介化"因此成为理解媒介与传播渠道变迁、文化与社会变迁的核心概念。作为一种功能性视角，媒介化是社会互动"深度中介化"的结果，即媒介以自身的功能效用嵌入其他独立领域，将自身逻辑融入并改变既有的系统规则。② 在媒介化的理论范式下，汉代社会的文化传播活动可以分为三个层面：微观层面体现为"日常生活的媒介化"③，古人个体对媒介的使用及依赖行为与其生活相互渗透，塑造了群体的主要生活实践方式；中观层面体现为"社会结构的媒介化"④，在社会要素再生产与社会结构不断重构的动态过程中，媒介影响规则体系，成为具有影响力的权力资源；宏观层面体现为"社会文化的媒介化"⑤，媒介实践通过形塑社会的传播生态和价值观念，对社会产生更大或一般性的影响而处于社会文化实践的中心位置。概言之，媒介与人类活动及社会系统之间存在紧密的互构关系，考古遗存的媒介实践暗示着汉代社会实现文化和思想统一的终极目标的行动线索，媒介由社会安全发展的"关键变量"转变为"重要增量"，蕴含着"穿透社会"的动态治理逻辑。

墓葬作为安置去世之人的区域，是汉代社会媒介化治理中最为典型的媒介，有三点关键原因：其一，汉代厚葬之风盛行，其考古发现分布广泛，数量上可谓中国古代之最；其二，墓葬传统从古延

---

① 陈华明、孙艺嘉：《物的想象：考古遗存的媒介属性与主体实践》，《现代传播》2022年第7期，第28页。
② 戴宇辰：《媒介化研究的"中间道路"：物质性路径与传播型构》，《南京社会科学》2021年第7期，第105页。
③ 侯东阳、高佳：《媒介化理论及研究路径、适用性》，《新闻与传播研究》2018年第5期，第39页。
④ 施蒂格·夏瓦、刘君、范伊馨：《媒介化：社会变迁中媒介的角色》，《山西大学学报（哲学社会科学版）》2015年第5期，第61页。
⑤ 吴飞、吴妍：《媒介化社会中国传统文化的传承与创新》，《江淮论坛》2017年第5期，第16页。

续至今，长期影响着中国人的思想和行为，对古往今来的文化传统具有重要参考价值；其三，古人"事死如生"的观念使得墓葬的信息内容包罗万象，不仅涉及政治经济等当时社会各个领域的客观情状，还反映出古人的精神思想、宗教信仰及社会上层建筑等主观价值。综上，墓葬为关注汉代文化演进及社会治理提供了最为直接和全面的实物依据，亦是汉代社会治理中发挥关键功能的内生性媒介。本文爬梳汉代墓葬的考古成果与历史文献，进一步讨论汉代墓葬作为治理性媒介具备何种功能属性、承载了哪些社会治理内容、如何参与多元主体的社会治理活动，最终实现汉代社会文化的大一统。

第二节 汉代墓葬作为治理性媒介的功能属性

作为媒介的墓葬不仅是承载着文化意涵的物质载体，更代表着人与社会沟通的关系实践；它既是汉代统治者用来治理社会的中介性工具，同时也是参与汉代社会治理的能动性主体。墓葬成为"治理性媒介"的功能属性可分解为三个方面，即物质性、文化性和社会性。

一、物质性：墓葬形制与时空场域建构

媒介物质性泛指一切涉及"物"与"物质"的媒介构成、要素、过程和实践。[1] 总体而言，它表达的是一种"影响—中心式"的分析思路，突出体现媒介物的限制和激发作用。[2] 墓葬媒介的物质性首先体现在其本质上是一个"物"的实体，其次这种物的实体建构了时空场域，具有媒介实践的准主体能力。

墓葬形制的演变经历了漫长的发展时期，前后出现了竖穴土坑墓、土洞墓、砖室墓、崖洞墓等多种形式，其发展主要受到社会生产力和人们生活观念、生死观念的影响，可见媒介的

---

[1] 章戈浩、张磊：《物是人非与睹物思人：媒体与文化分析的物质性转向》，《全球传媒学刊》2019年第2期，第103页。
[2] 戴宇辰：《传播研究的"物质性"取径：对若干核心议题的澄清》，《福建师范大学学报（哲学社会科学版）》2021年第5期，第142页。

物质性实体受到技术条件和人的主观形塑表达的限制。在原始社会早期,生产力极不发达,生产工具主要为石器,改造自然的能力有限,因此墓葬基本是依自然条件而制作的简单样式。伴随生产力的发展,青铜器、铁器等更为坚实灵活的生产工具出现,墓葬形制也相应多样化。在阶级出现后,统治者为维护等级秩序强调"礼"的规定,从墓室面积、结构等墓葬建造的考究中可见一斑;至秦汉,传统简单的竖穴式墓室转变为形态更为复杂的横穴式墓室,不同规格的砖也被应用装饰在墓室中。同时,生死观念的极大普及使"长生成仙"的追求在各个阶层盛行,人们祝愿逝者能够升天得道、羽化为仙,于是出现了刻画着相应图像符号的画像砖石室墓。

墓葬物质实体的主体位于封土之下,汉代主流的砖室墓的结构呈现出"宅地化"特征,墓门、通道、厅室一应俱全,与地上房屋建筑内部别无二致;在封土之上,通常设有祠堂、坟丘、墓域或茔地、墓垣、围墙、围沟等祭祀与保护设施。[①] 墓葬地上地下系统性的结构设计搭建了一个完整的信息传播时空场域:地下的空间主要为墓主人服务,建构了时间维度的场域。墓主人去世后,地下空间经过精心布置便连同墓主人的棺椁永久封存,得以完整保留。经后世人的开启,当初原貌复现于世,人们依托物质载体不断对附着其上的文化内涵加以解读与纠偏,使其中的传统价值持久传承。而地上的空间主要用于墓主人后代的祭祀与悼念,在古代社会建构了空间维度的场域。在汉代,以祭祀功能为主的祠堂十分常见,目前考古发现的西汉大中型墓葬中大多都发现过类似的建筑遗址。这些祠堂或是墓主人自建,或墓主人亲朋好友为其建造,抑或是国家为功臣贵族所设,它记录了墓主人的生前往事,并寄托了家族或国家的精神与情怀,实现当时社会中空间意义上文化的辐射与扩散。

二、文化性:随葬品与象征符号传播

墓葬中的随葬品展示了大量信息,体现出墓葬作为媒介呈现并控制文化的能力,即文化性功能。弗里德里希·基特勒(Friedrich

---

① 刘尊志:《汉代墓葬的双重空间与三维世界》,《南开学报(哲学社会科学版)》2020年第1期,第108—110页。

Kittler）直言文化的历史即媒介的历史，文化或文明的过程借由不同时期的媒介技术及其使用来分析体现。① 斯拉沃热·齐泽克（Slavoj Žižek）提出媒介扮演着"大他者"的角色，即形塑主体的"象征秩序"，"媒介体系实现了意识形态效果，在人们生活里充当文化壁纸"。② 以物质载体为基础，墓葬在技术和人类需求的共同促逼下承担着信息沟通的角色，从传递真实信息发展到象征物阶段，形成了体系性的符号表征和文化传播。

随葬品是生者为了让逝者的灵魂能从事生前的活动而随逝者葬入墓中的物品，其数量纷繁、种类丰富，墓葬的真实文化内涵通过随葬品系统性地体现。随葬品大体可分为实用物品和明器两种类型，前者是逝者生前实际使用过的器物，后者是专门为随葬制作的日常用品仿制型器物。从具体用途来看，随葬品包括生活用具，例如炊器、水器、食器、容器类物品；装饰品，如在汉代表现最为突出的画像石、画像砖；生产工具，例如斧、锛、铲、镰、凿、刀、锥、锉、针、匕、矛、镞、鱼叉、纺轮、磨盘、磨棒等，不同区域根据经济方式差异而有所侧重；礼仪性用品，即用以体现身份和地位的用品，如象征神权、王权、兵权的琮、璧、钺等；其他随葬品，如家畜、食物、人俑等。如果说墓葬形制提供了物理性的时空存续，那么随葬品的设置则将古代社会情状更加完整地复原至地下，填充了更多的文化意义与信息解读的想象余地。

更进一步讲，随葬品囊括了形状、图案、图像、花纹、质地、摆放位置等多种元素，这些是文化象征化、符号化的体现，内含一套古代社会人们的思想观念体系。例如古人"天上—人间—地下"的和谐宇宙观在随葬品本身及其与墓葬的摆放关系中得到充分展示，"如果说天地万物构成了自然宇宙，那么墓室建筑则体现了人为的信仰宇宙"③。汉代流行用画像砖石来修饰，升仙作为壁画主要内容通常绘制在墓室顶部，用神人、日月、

---

① 唐士哲：《作为文化技术的媒介：基德勒的媒介理论初探》，《传播研究与实践》2017年第7期，第7页。
② 保罗·A. 泰勒：《齐泽克论媒介》，安婕译，中国传媒大学出版社，2019年，第113页。
③ 李虹：《死与重生：汉代的墓葬及其信仰》，四川人民出版社，2019年，第81页。

星辰、流云等天象图以象征天界，墓顶及周围图像形成覆盖墓室的穹庐，帮助营造回旋上升的感觉，暗示这里是亡者灵魂生活的区域。而墓室中部的画像往往反映墓主人的现世生活，通常涉及车马出行、生产劳作、舞乐杂技等内容主题。此外还有大量随葬品摆设在地上，意味着人将其生前所使用的生活用品、金银珠宝、奴仆人俑带入地下，以便在现世之外的世界中延续生前的富足生活。由此，在随葬品的结构组合下墓葬成为天地人相合的微缩模型，反映了古人对宇宙的信念及对生死的认知。

墓葬媒介的文化性治理功能在于把人们的思想观念"物化"为具体可视的象征符号系统。通过随葬品和墓葬场域的有机联系，象征符号在传播与传承中树立一套自身的概念体系，从而建立起人们对于当时社会价值观念和道德目标的认同，在更广泛的意义上固化文化意象，维系精神秩序，形成中华文明特有的基因传统。

三、社会性：丧葬祭祀仪式与主体关系嵌入

墓葬的社会性功能体现在媒介主体与其他主体的互动过程中，从而勾连起不同主体及人与社会的联系。雷吉斯·德布雷（Régis Debray）将媒介界定为一种"功能位置"，通过联结社会中的不同节点来改变形态结构和关系发展。[1] 墓葬是人类社会发展的产物，是人与社会互动的结果，但无论是个人、群体、社会还是国家，均在关系的连接和互动中产生新的关系，从而不断重构社会运行机制、治理体系、价值观念、文化规则与规范等建构性的意义，因此墓葬作为社会性关系的联结处具有重要地位和作用。

墓葬以物质性和文化性的象征物形式提供拟真性的媒介表象，通过"拟想互动"的传播形态达成逝者与悼念者的沟通[2]，在传统祭祀仪式的媒介实践中完成主体关系的嵌入。汉代丧葬祭祀仪式大体包括三阶段[3]：葬前之礼，把棺椁摆放在墓葬之前进行准备程序，如招魂、沐浴饭含、小敛、大敛、备明器；葬礼，即把棺椁下葬的仪

---

[1] 雷吉斯·德布雷：《普通媒介学教程》，陈卫星、王杨译，清华大学出版社，2014年，第2页。
[2] 张放：《祭如在：中国传统民间家庭祭祀的沟通想象建构》，《国际新闻界》2023年第3期，第119页。
[3] 杨树达：《汉代婚丧礼俗考》，江西教育出版社，2018年，第42页。

式过程，包括发引、路祭、护送柩车至茔地；葬后服丧，即安葬回来还要进行初虞、再虞、三虞的安魂仪式，此外还有小祥祭、大祥祭、禫祭等。在这一仪式过程中，至少存在三对主体关系的建立：一是墓主人与墓葬的关系。不论是墓室建造还是丧葬祭祀仪式都会因墓主人的意愿而发生改变。二是墓主人与其家人的关系。墓主人生前设计自己的墓葬，死后靠家人完成仪式过程，其中蕴含着墓主家人对逝者的情感寄托。三是墓主人的社会关系，如大臣与皇帝之间、门生故吏之间等。譬如在葬前的随葬品备置中，位高权重者为了表彰逝者生前的功绩，特赐以逝者身份等级原本无法使用的葬具和物品。通过主体关系的互动与嵌入，墓主人在社会生活中的身份和位置得以确认。

媒介帮助个人确认主体身份、获得情感联系与社会认同，并建立组织化、制度化的社会规范，这是一种特殊的主体力量。

第三节 汉代墓葬媒介化治理的运行逻辑

媒介化是将媒介逻辑和规则运作与文化、社会系统的主要组成部分相匹配的过程；遗存本身即一种具有主体性地位的媒介，通过物质性的载体建构信息流通的时空场域，建立一套象征符号的规则将人的主体关系嵌入其中。概言之，墓葬媒介化作用的核心即通过文化和意义的生产与整合，重新形塑和建构社会。而文化不仅是某一群体的全部生活方式，还能成为作用于社会关系之上的治理机制，正如托尼·本尼特（Tony Bennett）所言，文化通过与权力相关的符号系统以及自我技术的机制运作来对社会交往产生影响[1]。这种符号和技术系统在德布雷看来是媒介所起到的效果，媒介是处于"精神"和"实践"之间的一种"传递装置"；通过"演出"和"互动"，将观念、话语或者文化转化成行动、事件。[2] 温弗莱德·舒尔茨

---

[1] 托尼·本尼特：《文化、治理与社会：托尼·本尼特自选集》，王杰、强东红等译，东方出版中心，2016年，第214页。
[2] 雷吉斯·德布雷：《普通媒介学教程》，陈卫星、王杨译，清华大学出版社，2014年，第96、141页。

(Winfried Schulz)进一步将媒介带来的社会政治体系变革归纳为四种类型,即延伸、取代、交融、迁就。[1] 基于汉代社会语境,墓葬的媒介功能属性使割裂的文化凝聚为和谐的汉文化从而实现汉代社会的稳定统一。综合文化治理性和媒介化的观点,在墓葬媒介实践的前端,是官方与民间相互调和的文化价值,后端是社会的实际运行,包括政治统治和日常生活,治理性媒介在这两端之间建立良性的、有机的传递和联结途径。墓葬的媒介化治理就是以其主体运作为核心,将文化与心灵秩序落地为治理实践和目标达成,其媒介化治理的运行过程包含延伸、操演、规训和融合四个要素。

一、延伸:权力正统性的确认与表达

古代王朝多兴衰更替,为了新生政权的稳定,统治者通常使用一套自洽的逻辑来确认和表达自身政权的合理性与合法性,墓葬这一媒介即实现了自上而下的信息与权力延伸。"中国古代政治权力的形成,最为重要的便是借助艺术、文字和祭祀等手段对天地人神沟通的独占。"[2] 围绕陵墓和宗庙开展的国祭仪式是加冕政治权威的重要手段,帝王以祭天之礼表现国家政权敬天尊统,是对政治权力的象征性陈述,征示着权力秩序的结构。这种政治性礼仪是"展现和建构权威的权力技术",通过这种象征性行为与活动,政治权力不仅仅表现为"简单的强制",而力图呈现"合法合理的运用",政治在社会中表征为仪式。墓葬媒介将祭祀仪式与支配权力的话语象征结合为一体,建立起"天下—国—家"的价值秩序,帮助政治秩序的运作机制内在化,从而确立社会的普遍秩序结构并做出合理性的阐释。

汉代墓葬祭祀对于权力正统性的关联互涉具体表现为两方面:其一,祭祀解释王权的起源,关乎政权的合法性基础。作为中国历史上首位"布衣天子",汉高祖刘邦建国之初通过"白马之盟"明确了祖训"非刘不王,非功不侯",为了更好地在理论上树立西汉王朝

---

[1] Schulz Winfried. *Reconstructing Mediatization as an Analytical Concept*. European Journal of Communication, vol. 19, no. 1, 2004. pp. 87−101.
[2] 张光直:《美术、神话与祭祀》,郭净译,生活·读书·新知三联书店,2013年,第79页。

的政权正统性，又召集文臣制定礼仪，以"自然之应，得天统矣"的天人感应、君权神授观塑造起刘邦"受命王"形象。以礼之制定效法天地，能够"通神明、立人伦、正情性、节万事"；同时，又命叔孙通制作宗庙祭祀用乐，利用神学来宣扬皇权的可信度与绝对权威，通过礼、乐来维护现实统治秩序。

其二，墓葬体现出祭祀对象之间的严格等级，规定着不同权力支配的制度。围绕祭祀对象和祭祀者身份形成的秩序结构不能僭越，否则为"淫祀"，这在汉代已成为基础共识。司马迁的记载体现出西汉时的观念，认为西畤白帝祭祀是祭天之礼，按照《周礼》中诸侯在其属地祀天的规定，作为诸侯的秦襄公只能祭祀神力辖域局限于秦地的山川神，神力遍布世界的天地神唯有天子才能祭祀，因此"作西畤"是对政治秩序的僭越。[1] 汉代将祭天之礼作为国家祭祀，不仅是为了追求帝王一己之福，更重要的是确立政权正统性与发挥行政职能。汉武帝时期确立了"太一""后土"等天地神灵国家祭祀体系，营造出天子统治天地四方的"祥瑞景观"。[2] 由此，围绕墓葬开展的祭祀仪式确认了王权的正统性地位，成为统治者彰显"德治"的御用法器与支配"天下"的理想心法。

二、操演："孝忠"情感与行为的动员

通过墓葬媒介的传播与联结，官方的政治象征性话语传递至民间则导致了"孝忠"情感与行为的动员与操演，情感与行为凝聚在日常生活中对社会群体产生约束性力量。汉代统治者为了从根本上解决秦代遗留的文化差异问题，通过"罢黜百家、独尊儒术"的方式逐步建立统一的文化模式。儒家所倡导的孝悌为仁之本和三纲五常的伦理道德规范，适应汉代的经济基础与维系家族关系的政治需求，因此孝的理念与行动受到统治阶级的极大推崇。统治者认为，在家里子女无条件地孝亲于父母，走入社会后自然无条件地孝忠于统治者；孝道由家庭伦理演变为更广域的社会伦

---

[1] 司马迁：《史记·六国年表第三》，中华书局，1982年，第685页。
[2] 刘晓达：《太一、祥瑞与天下——汉武帝时期的太一祭祀与祥瑞"景观"研究》，《艺术设计研究》2018年第2期，第27页。

理和政治伦理,"孝"与"忠"相辅相成,成为汉代社会思想道德乃至治理体系的核心基础。在"以孝治天下"的观念下,自惠帝始至东汉末之刘氏子孙皇帝,皆以身为例、标榜孝悌、以孝作谥;在全国范围内推广诵读《孝经》,优待孝子,举"孝廉",推举在孝道方面表现优异的人入仕。①

汉代社会对于墓葬的极大重视来自"孝忠"观念的操演,丧葬祭祀之礼被改造成孝道思想的内容组成部分,具有树立人们道德修养及建构社会秩序的积极意义。因此,汉代厚葬的观念和行为十分常见,"崇饬丧纪以言孝"者可"显名立于世,光荣著于俗",只有以厚葬之形式,才能展示自己与祖先和子孙的联系,确认自己在血缘维系与传承中的位置。无论是王公贵族还是普通平民,均十分重视墓葬的修建,从墓葬形制的日趋复杂和随葬品的繁多种类和数量上多有体现,"棺椁必重,葬埋必厚,衣衾必多,文绣必繁,丘陇必巨"是当时厚葬习俗的真实写照。

此外,"孝忠"情感与行为的动员使以墓葬为媒的社会关系更加团结紧密,家族墓、夫妻合葬墓甚至多代人合葬墓在汉代广为流行。汉人认为"事死如事生",在现世中生活在一起的亲人,死后也应埋葬在一起。家族墓乃至多代合葬墓在西汉早期已经出现,经不断发展,到东汉中后期尤为兴盛。以夫妻合葬墓制式演化为例,西汉早期开始出现夫妻合葬,以异穴合葬为主,有少量同穴合葬。西汉中期到东汉早期,同穴合葬开始占据主流,遍及全国各地。直到东汉中晚期,同穴合葬完全取代了异穴合葬。②随着合葬形式的发展,个人镶嵌在"家"的单位里,进而融入家国同构的秩序体系中,人通过履行夫妻、父子、君臣等主体关系中的道德义务,获得存在于社会结构中的价值意义,墓葬是"孝忠"情感与行为的物化表现,这种礼治和德行的操演规定了道德秩序的标准。

三、规训:丧葬礼制与法制规范的确立

文化包含物质符号体系、精神价值体系和行为制度体系。③ 在考

---

① 张涛:《汉代"以孝治天下"的德化作用》,《人民论坛》2017年第33期,第141页。
② 王仲殊:《汉代考古学概说》,中华书局,1984年,第102页。
③ 熊澄宇:《中国文化产业十家论集 熊澄宇集》,云南大学出版社,2016年,第7页。

古学意义上，汉制专指"汉文化"在丧葬制度上的体现，即汉代形成并流行的一套特色鲜明的丧葬制度。①汉制承周制、袭秦制、融楚俗，是在诸多因素综合作用下形成的以土葬为主的礼仪形式。汉制中有些内容是有明文规定的，即礼仪制度；有些则是约定俗成的，即礼仪习俗。这里所讨论的媒介化治理的"规训"，聚焦于统治阶级所明确规定下来的墓葬相关礼制。不过《礼记》提到"礼从宜，使从俗"，古人有"礼失而求诸野"的传统，礼制的修订会吸收民间习俗。在这一过程中，可以看到官方的意志通过墓葬媒介传递至民间，形成被大众认可的心理定势和日常惯习，再从民间礼俗反馈至官方形成一套规范化、制度化、法制化的丧葬之礼。

伴随礼仪与礼制的发展，以西晋"准五服以制罪"原则确立为标志，该律令体现出儒家丧葬礼仪制度与法律的完全结合。"五服"指丧服的五种等级，"准五服以制罪"即依据五服所显示的亲属关系远近及尊卑来定罪量刑。追本溯源，汉时法律已有按服叙远近进行处罚的原则，这表明汉代丧葬礼制对该法律影响深远，存在以礼入法、礼法融合的现象。汉代丧葬礼制在法律中的表现形式主要有：第一，丧服服叙制度。服叙即亲属关系在服丧过程中的等级序位，以逝者为中心的亲疏远近决定了服丧轻重关系。汉代在裁决亲属案例时，已有根据服叙远近来定罪的情况。第二，居丧制度。为表达对逝者的悼念，居丧期间有居处、哭泣、容体、言语、衣着、饮食等方面的礼仪规范。与礼制规定相适应，两汉时期，有违规范的居丧行为会受到法律惩罚。第三，汉代亲人去世不奔丧或奔丧而违礼，亦会受到惩处。第四，就葬制而言，汉代既有礼制规定，也有律令加持。譬如坟墓高低受到严格限制，汉籍史册中经常记载到对坟墓过高的处罚。②

可见，汉代的部分丧葬礼制已经与当时的律令制度融为一体，这使得围绕墓葬出现的约定俗成的"柔性"社会关系转化

---

① 蒋晓春：《三峡地区秦汉墓研究》，巴蜀书社，2010年，第234页。
② 陈鹏飞：《汉魏"服制制罪"及其社会治理范式研究》，中国社会科学出版社，2021年，第72页。

为方便复制的"硬性"法制,使得媒介化治理的运作机制常态化,由此媒介实现了对多元主体的规训与基本社会规范的确立。统治阶级所传递的观念和文化在这一媒介化实践中得到加强性的传播,进一步维护了权力正统和政治秩序。

四、融合:"大一统"文化共同体的形成

从西汉中期开始,无论是大型墓还是中小型墓,墓葬文化趋于统一。就大型墓葬而言,诸王、列侯等高等级墓葬整体呈现出了"同制京师"的现象。[1] 一是在墓葬选址方面,帝陵和所有的诸侯王墓均选择在距离都城不远的地方,并处在地势高亢的台地或山丘上,符合当时的堪舆之术。二是帝陵与诸侯王墓均设置寝园,无论是文献还是考古资料都有了证实。三是在合葬方面,帝陵均同茔不同穴,诸侯王墓也大多采取这种方式。四是墓葬形制由于等级地位和各地自然环境的差异,既有竖穴土坑木椁墓,也有数量较多的崖洞墓,但其演变过程具有较强的一致性,主要体现在墓葬中回廊逐渐衰落和形制逐步宅第化。五是玉衣制度自西汉中期以后成为定制,大多数西汉中晚期的诸侯埋葬时均着金缕玉衣。六是大型墓葬受宗法和礼制的约束更为强烈,鼎、盒、壶的器物组合贯穿着西汉代的诸侯王墓葬,模型明器的组合则很少出现。中小型墓则保留着各区域鲜明的特色墓葬文化。西汉中期以后,墓葬主要朝着墓室宅第化、陪葬品生活化、模型明器出现并流行、同穴合葬兴起等总体一致的趋势发展,但在统一文化主导下,中小型墓的形式多样性仍然存在。以陶灶为突出代表,各地区明器的形制有较大差别[2]:中原地区多为长方形灶;关中地区流行马蹄形灶;长江下游地区多船形灶;江汉地区的陶灶分为曲尺形和长方形;湘西的少数民族地区多见双火眼灶;两广地区的陶灶出现龙首形烟囱,并在灶门处伸出地台。这是原有土著的或地域墓葬文化在统一的过程中,演进出的新风格并凝聚成新的多样风格。

总体来说,以墓葬为物质性载体,墓葬文化逐步完成了统一性进程,这种趋同性很强的墓葬文化区涵盖了整个汉代疆域,并延伸

---

[1] 刘尊志:《汉代诸侯王墓研究》,社会科学文献出版社,2012年,第31页。
[2] 朱津:《论汉墓出土陶灶的类型与区域特征》,《中原文物》2015年第2期,第48—49页。

至相近的东亚地区；其中仍能看到高度统一后多样性并存的特征。换言之，汉代墓葬中的文化统一性是指各地的文化面貌呈现出基本一致的内涵和架构，而多样性指不同的生活习俗和自然环境造就出丰富的区域文化。在地域空间维度上，古代中国是一个多民族、多王朝、多政权的复合体，在时间延续性的维度上，古代中国是以中原为中心、向周围辐射的"政治文明共同体"。[①] 大一统的文化格局在根本上使原本多元分裂、差异极强的新生社会凝结为一个具有高度认同感和道德归属的文化共同体，由此，墓葬完成了媒介化治理的全周期。

结　语

通过对汉代墓葬这一典型治理性媒介的运作分析，可以看到在古代社会语境下遗存的媒介化治理的逻辑脉络，如图6-1所示。遗存作为古人活动留下的切实存在，在特定历史情境下以所载文化价值活跃于人和社会的关联之中，具备物质性、文化性和社会性的媒介治理性功能。遗存的媒介化治理过程包含延伸、操演、规训和融合四个要素：延伸即对应逻辑图的上半部分，遗存媒介从时空场域扩展了官方话语和观念的传播能力；操演对应下半部分，遗存媒介深度渗透民间日常生活，通过情感与精神的意蕴唤醒个体组织化、集体化的行为，由此模糊了媒介行动与非媒介行动的界限；规训对应右半部分，媒介促使自上而下和自下而上的信息得以沟通和互动，强制性的制度和约定俗成的惯习在潜移默化中推进形成，复杂多元的权力得到规训、社会秩序由此建立；融合对应左半部分，多元文化通过不断交流逐渐趋同，精神、行为与制度的归一形成文化共同体，这是一种由心灵秩序带来的"韧性"力量，媒介逻辑实现了文化价值在社会实践中的形塑与建构效果。古代遗存的媒介化治理逻辑可归纳为"文化于媒，礼入于法"：参与社会治理的行动主体是多元的，文化及精神层面的观念、思想在以媒介为基础

[①] 陈霞：《天下、民族与认同：国家观念在传统中国的历史演进》，《新疆大学学报（哲学社会科学版）》2023年第4期，第60页。

的互动中被转换为规范化和法制化的道德伦理与社会准则，强化过往的媒介实践经验并使其文化价值固定且持久存续。遗存媒介浸透在每一个环节，促使多元一体的文化、民族、国家完成建构，实现"大一统"的社会治理目标。

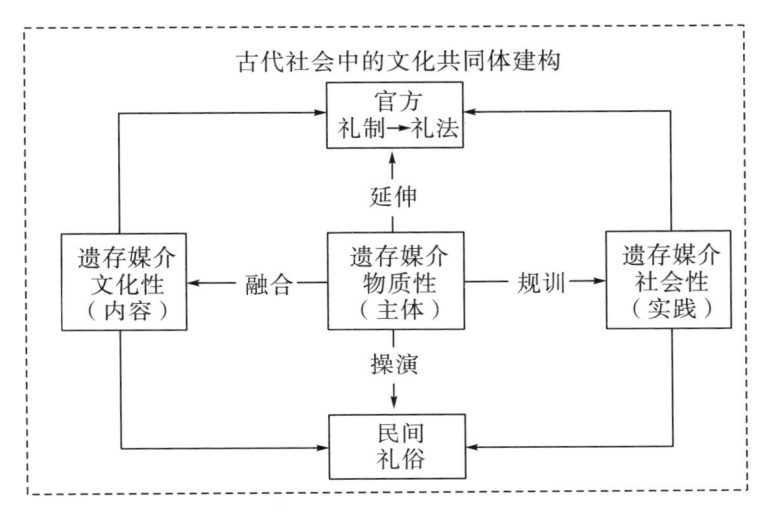

图 6-1　古代遗存媒介化治理逻辑图

习近平总书记指出"九州共贯、多元一体的大一统传统"是中华优秀传统文化的重要元素之一，和其他元素共同塑造了具有"连续性、创新性、统一性、包容性、和平性"的中华文明。[①] 以媒介理论切入，从传播学和考古学的交叉视角探究墓葬遗存对于汉代社会治理的意义，透视中国社会和文化的演化规律，在不同社会语境下重新赋予古老媒介物以新的活力，为现代社会的安全发展提供借鉴价值。"唯有全面深入了解中华文明的历史，才能更有效推动中华优秀传统文化创造性转化、创新性发展，更有力推进中国特色社会主义文化建设，建设中华民族现代文明。"[②] 在未来研究中，应遵循媒介化的视角对考古遗存展开更多讨论——不只停留在对附着在遗存上的文本意义的解读，更重要的是观察遗存作为媒介行动主体在社

---

① 习近平：《在文化传承发展座谈会上的讲话》，求是网，http://www.qstheory.cn/dukan/qs/2023-08/31/c_1129834700.htm，2023 年 8 月 31 日。
② 习近平：《在文化传承发展座谈会上的讲话》，求是网，http://www.qstheory.cn/dukan/qs/2023-08/31/c_1129834700.htm，2023 年 8 月 31 日。

会实践中的互动作用。以墓葬为例，隆丧厚葬的礼俗形式和传统守旧的殡葬思想在某种程度上成为社会进步的文化屏障，文化和技术的更新对社会治理提出了新的要求，那么遗存作为一种"旧媒介"对于现代社会有怎样的意义？现代社会中产生的"新媒介"又与遗存发生何种关联？古往今来的演化与变迁为媒介参与社会治理的话题提供了更多想象的空间，以考古遗存和传统文化为切入点将为治理能力现代化提升和人类文明新形态建设贡献更多的中国智慧。

第七章
汉瓦：作为文化向心媒介的汉代瓦当

第七章 汉瓦：作为文化向心媒介的汉代瓦当

引 言

瓦当，即瓦顶端下垂的部分，也被称作瓦头，多用于保护屋椽免受风雨侵蚀，对建筑进行美化，或可寄托屋主人的精神追求。学界对于瓦当的关注自唐朝便有记载，从唐朝至今，根据对瓦当的不同研究侧重，大概可以分为四个历史研究期。从唐代到明代是瓦当研究的萌芽期，这一阶段瓦当引起研究者的兴趣，瓦当出现在著述之中，如北宋王辟之的《渑水燕谈录》、黄伯思的《东观余论》以及元代李好文《长安志图》等。此时瓦当尚未被作为独立的研究对象，而只作为一种关注以及对其他问题的补充项。从清代到民国是瓦当研究普遍兴起的阶段，这一阶段瓦当作为单独的研究对象被关注，代表作品有清代朱枫的《秦汉瓦当图记》、民国初期罗振玉的《秦汉瓦当文字》等。20世纪50年代到80年代是用科学方法对瓦当进行资料汇总的时期，为后续的研究提供了大量的基础资料，代表作品有陈直的《秦汉瓦当概述》和陕西省考古研究所的《新编秦汉瓦当图录》等。20世纪90年代至今，随着考古学科学研究方法的介入和深入，瓦当研究进入了长足发展期，代表著作有有刘庆桂的《战国秦汉瓦当研究》、李发林的《齐故城瓦当》、伊藤滋的《秦汉瓦当文》、赵力光《中国古代瓦当图典》等。

现阶段的瓦当研究仍处于第四时期的长足发展期。对瓦当的研究视角主要有三。第一，集中对瓦当的艺术特色与审美进行研究，这类研究最为常见。如甘霞明《浅析汉代瓦当的艺术特征》，卢花

《汉代文字瓦当的审美文化观念》、孟卫东《汉代瓦当的形式构成美》。第二，从历史学视角对瓦当进行研究。如申云艳《中国古代瓦当研究》从地理分布的角度对瓦当进行了全面梳理与资料校正。第三，对瓦当图文内容与蕴含精神进行研究。如郦小龙《汉代瓦当纹饰所见社会信仰之一二》从瓦当植物纹饰、神兽纹饰、云纹、吉语类等分析了汉代人的精神信仰。可见目前学界对瓦当的研究仍较多地停留在历史学、或者艺术学的范畴。瓦当作为一种建筑材料，承载着丰富的文化意涵，既是文化内容本身，也在流通过程中成为一种媒介，切实地形成景观、构建互动、共享文化，因此，传播学视角与理论与瓦当有着天然的适配性，基于这种缺失，本文将汉代瓦当视为一种媒介，在媒介语境下对瓦当进行讨论与分析。

第一节　汉代瓦当的媒介"可供性"

瓦当的使用在我国由来已久。国内已出土的瓦当最早可追溯至西周早期的周原扶风召陈村遗址，这一阶段瓦当是王室用品，形状呈半圆形，多为素面瓦当和少量的弦纹、重环纹瓦当。战国之后，瓦当逐渐普及民间，形制逐渐从半圆形转变为圆形，战国各国都有自己代表的瓦当类型，是瓦当大繁荣的开端。至两汉，政治统一、文化融合，社会和平发展，瓦当也迎来了最繁华的历史阶段。汉代的瓦当生产技术上已经成熟，分为制胚、制筒、切割、晾干、烧制五步，主要分布于陕西、河南、辽宁、河北、福建、广东等地。两汉时期瓦当的形式多样，有图案类、图像类并首次出现文字瓦当。图案类如著名的云纹瓦当，图像类如青龙、白虎、朱雀、玄武四神瓦当，文字瓦当在西汉出现，并发展为最广泛的一种类型，现存的文字类瓦当可以分为宫苑类、官署类、宅舍类、祀墓类、纪事类、吉语类以及其他类别。唐代出现了琉璃瓦当，杜甫《越王楼歌》中"孤城西北起高楼，碧瓦朱甍照城郭"一句，便是在描绘琉璃瓦当之美。宋元明清后，瓦当在建筑中的使用日渐式微。

因此，两汉时期是瓦当发展的全盛时期，具有代表性。这一时期瓦当技艺成熟,在形式、内容、艺术风格上均呈现出独特的风格。就断代时期而言,两汉瓦当登峰造极,惠及民生,技艺精湛;自战国以来形成了成熟的技术流程,可民用,质与量都达到了巅峰。就形式而言,汉代瓦当为圆制,形简象丰,多呈中轴对称、辐射圆旋结构。就内容而言,崇实敬天,有大美气象,不仅包含自然、生活之物,还将神形象化,就艺术风格而言,汉代瓦当质朴古拙、浪漫恢弘,想像灵动。由于瓦当发展的成熟以及使用的普遍,瓦当成为汉代不可或缺的一种建筑材料,在社会广泛使用,其上承载的文字、图像也在社会范围内传播。

可供性(Affordance)概念由美国生态心理学家詹姆斯·吉布森提出,它源自主体对效用的主观感知与对象的客观特质之间的相互作用,构成人在特定场所行动的可能性。[1] 该理论最初被用来解释生物与环境之间的对应关系,事物并不是完全独立,特定系统中的事物是相互联系的。"可供性"理论认为实践的达成"是建立在人与物的互动过程中的"[2]。因此,就媒介性而言,媒介的本质是物,它并非先验的存在,而是在具体传播过程中条件要素的"生成"。达成其具体传播语境中的必备条件,即具备媒介的"可供性"。显然,这种论断是基于功能主义的研究范式,是一种认识论的角度对媒介的认知。从本体论来讲,媒介之所以成为媒介,在于传播过程中其本身所包含性质的"可媒介化","可供性成为媒介之所以为媒介的前提"[3],动态的过程包含着一种"可实现的"路径,而这些性质早在媒介的物质本身即存有。媒介是英文 media 的汉语译词。英文的 media 源自拉丁文 medium,意指中间。在雷蒙德·威廉斯的《关键词》词条 medium 大致有三种意涵,第一是传统认为的媒介物——中间物或者中介机构,第二为一种技术媒介,第三专指资本主义。其中第一种中介物是较为传统的"信道"模型媒介,是一种物质形式,同时具备承载内容的潜力。媒介环境学派认为,媒介不仅是一

---

[1] Gibson, J. J. The Ecological Approach to Visual Perception [M]. Boston, MA: Houghton Miffl in, 1979.
[2] 陈南希:《可供性理论应用与融合新闻研究路径的探索与想象》,《视听》2021 年第 10 期。
[3] 胡翼青、马新瑶:《作为媒介性的可供性:基于媒介本体论的考察》,《新闻记者》2022 年第 1 期,第 66—76 页。

种"中间物",而且还可以形成一种环境,这二者之间似乎存在一定的距离。作为元媒介来讲,媒介成为媒介的可供性究竟为何呢?学者胡翼青为我们提供了一种认识媒介的新路径,媒介是一种三元体,是物质、内容、界面的综合体。物质形态是媒介的外在表达,可与外物进行区分,具有传播的潜能,内容则是媒介携带某些被认为是信息的东西,界面是物质本体具有呈现信息、内容的潜力,使得内容可以被对象化。在这里,物质性、内容性以及界面性(呈现潜能)即为元媒介的三种特性,也就是蕴含在媒介本体上的,三元可供性。

换言之,瓦当在具体的传播情境中,可以作为媒介而论。

第二节 媒介偏向:时空并重

英尼斯认为,传播媒介都会产生一定的媒介偏向,或者倚重空间,或者倚重时间。[①] 黏土和石头非常坚固,可以在相当长一段时间内有效保存,因此以石头、黏土为主要媒介的封建王国是在文化与技术的传承中趋于内部稳定与统一的。相比而言,莎草纸这种媒介就不具备稳定性,它轻薄、易分解,不便于长久保存,但其便携性的特征却让莎草纸上的文字传播到更远的地方,这大大促进了思想与宗教的传播,以莎草纸为主要媒介的政权很快对石头为主要媒介的政权造成冲击。因此,媒介本身的时空偏向性会对其所在的文化系统乃至文明系统形成重要的影响。瓦当为泥制,本为保护屋顶的瓦片头部,因此质地较为坚硬。我国现存最早的瓦当是西周时期,可见瓦当材质保存之久远。祀墓类瓦当是专门为帝王的陵园、寝殿、庙宇或者祠堂所用的瓦当,有"便""冢室完当""长陵东当"等文字,则明显是皇家内部制度的一种保留与传承,体现了纵向的时间倚重,利于文化历时性传播。

另外值得一提的是,瓦当是一种典型的冷媒介。麦克卢汉对传播学的贡献一般被概括为三论:媒介讯息论、媒介延伸论

[①] 哈罗德·英尼斯著、何道宽译:《传播的偏向》,中国人民大学出版社,2003年。

及媒介冷热论①。媒介冷热论认为媒介按照其承载信息清晰度的高低和人接收信息时参与度的不同，可以分为冷媒介与热媒介②。冷媒介承载信息的清晰度低，人在接收信息时需要高参与度③。瓦当形简意丰，选择生产生活中有代表性特征的母题进行再创作，两汉时期有不同类型的云纹瓦当，包含十字纹、连珠纹、蘑菇云纹、绳纹、卷云纹、羊角云纹等诸多类型。从一种母题到多种创作，瓦当的性质之"冷"，几乎是文化融合的必然结果，体现了统一文化主题的多元性，是文化融合时期的一种民族集体创作。

第三节 作为文化向心媒介的汉代瓦当

一、景观构建：中上阶层的建筑体系构建

春秋战国时期，瓦当以素面瓦当为主，有图案的瓦当较少，形制以半圆为主，有少量圆形瓦当。战国初期，诸侯割据，各地城郭主要是由夯土铸造。到了战国后期，城市建筑业的发展带动了烧瓦技术，瓦开始作为一种建筑材料被广泛使用，因此对瓦当的发展提出了新的要求。秦统一六国后，烧瓦技术进一步得到提升，秦始皇凿灵渠、修长城、建造阿房宫，圆形瓦当逐渐代替半圆形瓦当。淡了汉代，政通人和、社会稳定，建筑需求大增，半圆形瓦当极为少见，瓦当上出现了丰富、复杂的纹饰，并首次出现了文字，西汉后期，文字瓦当已经占据绝对数量优势，素面瓦当消失。

汉代疆域辽阔、政治稳定、经济繁荣，南北方文化交流繁荣，玉器、铁器、漆器等都有了长足发展。在经过约 50 年的休养生息之后，汉代进入大规模建造建筑的时期，以皇家为代表，兴建了建章宫、上林苑等等大型建筑。都城、宫室、陵墓等建筑在总体布局上整齐划一，雕刻和敷彩装饰非常之多，造型奇特，色调浓厚，尤其是画像砖与瓦当的使用比较普遍，瓦当成为皇族或上层贵族展示实

---

① 张景云：《麦克卢汉"冷"、"热"媒介悖论：基于"清晰度"与"心理参与"的研究》，《国际新闻界》2011 年，第 5 期，第 35—40 页。
② 马歇尔·麦克卢汉著，何道宽译：《理解媒介：论人的延伸》，商务印书馆，2000 年。
③ 李岩：《视觉传播中的技术理性批判——来自麦克卢汉"冷媒介"说的议题》，《新闻与传播研究》2004 年第 4 期，第 34—40+95 页。

力与荣耀的一种具体方式。

　　汉代百姓的民居主要分为三种。官僚贵族和地主富商的住宅较为完善，一般都分为外部庭院、大堂、屋子、走廊、阁等。普通居民家中一般是一堂二室的结构。下层贫民住牛栏马棚，甚至穴居。相比而言，后两种类型的民居对瓦当的使用就非常之少。因此，瓦当的使用阶层多为皇室、贵族、地主富商等社会中上层阶层。其上刻印的图像与文字也是这些上阶级进行公共表达、自我价值宣扬的话语。在这一话语体系之间，各个阶层之间所使用的瓦当的形制又有着严格区分，从君到臣再到民，内部又形成了严密的等级秩序。

二、互动展开：社会流通与符号构建

　　瓦当最先在都城使用，因此陕西、河南的瓦当数量最多也最为丰富。随着瓦当在社会生产层面的流通，它逐渐扩散到辽宁、河北、福建、广东、山东、山西、内蒙古、天津、新疆、湖北、安徽、四川等地。从表5-1可以看到，瓦当在各地的分布逐渐广泛，瓦心的纹饰与文字也逐渐流通到都城之外。在汉代，瓦当的流通主要依靠两种途径，一是工匠的流通，二是依靠汉代的交通体系，将瓦当运输到各地。汉代北方既有秦朝修建的直道，也有飞狐道、回中道，南方有新道，西南地区有褒斜道、栈道，东部地区有驰道等。便利的交通推动了瓦当在社会的广泛传播，也促进了各地之间的交流。

表5-1　汉代瓦当的主要分布、形式、内容

地区	形式	内容
陕西	圆形为主	纹饰瓦当为主，夔纹、方格纹、葵纹、涡纹、云纹、花瓣纹、动物纹等，文字瓦当种类很多
河南	半圆与圆形	图案瓦当云纹涡纹为主，有圆形文字瓦当
辽宁	圆形	涡纹、云纹为主，少量夔纹，文字类少
河北	圆形	图案瓦当，文字瓦当少，涡纹、云纹为主，少量同心弧线、夔纹、蝴蝶、兽纹
福建	圆形	涡纹为主，少文字类少

续表

地区	形式	内容
广东	圆形	图案为涡纹、四叶纹，文字有"万岁"和"定"等
备注	\multicolumn{2}{l}{山东、山西、内蒙古、天津、新疆、湖北、安徽、四川都曾出土部分瓦当}

杨树增在《汉代文化特色及形成》认为，汉代文化是由部鲁文化、荆楚文化、秦晋文化、燕齐文化、巴蜀文化、辽文化、吴越文化、岭南文化、西域文化等不同地域文化的交融汇合而成，儒家、道家、法家、墨家、名家、阴阳家、纵横家等思想文化，以及边缘地带的非主流文化逐渐整合。在这样的一个交融整合的过程之中，汉代的文艺必然呈现出不同的文化风格特色，既有继承，又有创新。

三、文化共享：走向大一统的族群文化

（一）图像瓦当中的华夏自然观：农业社会视阈中的自然崇拜

汉代瓦当图案一个主题就是自然物，其中既有自然静物如云纹、洼纹、水纹、星纹、太阳纹等，也有植物如树木、叶子、花朵等，还有一些动物纹，如龙纹、凤纹、虎纹、蟾蜍纹、獾纹、雁纹、斗兽纹、鹿纹、鹿鱼纹、马纹、鸟纹、蜻蜓纹等。汉代植物纹瓦当出土地主要集中在农业生产发达的黄河及其支流河谷地带，说明植物纹瓦当的出现和流行与农耕文化的发展有关。

以农耕文明为核心的中华文明在发展过程中逐渐呈现出一种乡土依恋模式——安土重迁。龙、凤形象则是在自然动植物基础上加以想象而成。如汉代著名的四神兽瓦当：青龙、白虎、朱雀、玄武就是动物的一种变体，被赋予了不同的功能与作用：青龙为帝王饰其宗庙，驱邪镇宅，社稷江山永固；白虎象征王权至尊，有阳刚之气，震慑妖魔；朱雀象征天下太平；玄武寓意安定与守护。

（二）王权与宗族：瓦当内容对社会信仰系统的塑造

纪事类瓦当是汉代文字瓦当的一种，主要用于歌功颂德，是对汉代发生的历史大事以及对贤臣的进行称颂赞扬的文字记录。歌功颂德瓦当主要有以下三种：第一类是表现汉武帝征服四夷，建

立大一统国家的丰功伟绩，如"当王天命""当王者贵""汉并天下""汉兼天下""惟汉三年大并天下""四夷尽服""四夷咸服""破胡乐哉"等。第二类是表现汉朝中晚期与少数民族关系的，反映汉朝的和亲政策，如"单于天降"。第三类是赞颂汉代贤臣，如"与民世世天地相方永安中正"瓦当、"道德顺序"瓦当等。

祀墓类瓦当即专为帝王的陵园门阙、殿寝和庙，臣子、百姓的祠堂建筑所用的瓦当。汉代经学盛行，民间盛行谶纬之术，人们相信有鬼神存在，墓葬就被看作实现从现实世界到鬼神世界的神秘转化场所，所以汉人对于墓葬的装饰十分重视，产生了大量装饰墓葬建筑的墓葬瓦当，文字内容多为墓冢的名称、死者的姓名，也有一些是希冀死后世界幸福久远的吉语。

（三）艺术与审美：民族审美观念的集体塑造

总的来看，汉代瓦当的做工由粗糙趋向精致，由实用趋向审美。从瓦当的制作材料来看，汉代瓦当的材质是可塑性很强的灰陶，多姿多彩的纹饰易雕刻于其上，这是汉代瓦当工艺细腻精致的重要原因。毫无疑问地，儒家思想对汉代瓦当影响甚大。李泽厚这样评价汉代的艺术作品："尽管儒家和经学，'厚人伦，美教化''惩恶扬善'被规定为从文学到绘画的广大艺术领域的现实功利职责，但汉代艺术的特点却恰恰是，它并没有受这种儒家狭溢的功利信条的束缚。刚好相反，它通过神话和历史，现实和神、人和兽同台演出的丰满形象画面，极有气魄地展现出一个五彩缤纷、琳琅满目的世界，这个世界是有意或无意地作为人的本质的对象化，化为人的有机或非无机的躯体而表现的。它是人对客观世界的征服，这是汉代艺术的真正主题。"[1]

汉代的文艺作品自是深深打上儒家教派的意识形态色彩，然而作为自由的审美载体，它们充满体现汉人原始的活力和浪漫的幻想。汉代文艺将神话、历史、现实融为一体，讲究力量、

---

[1] 李泽厚：《美的历程》，文物出版社，1981年，第71页。

运动和速度的气势，以及古拙的美学风格。人的主观性在这里得到很大程度的展现，高扬人的主体性是汉代文艺作品的核心主题。霍尔认为，"表征文化系统中成员间意义生产和交换过程中的一个必要的组成部分，包括语言的等诸形象的使用，表征是一个复杂的过程，各类事物、概念和符号间的作用关系完成了文化的意义生产"[1]。这种艺术形式以及瓦当种具体产生的形象都成为民族文化的一种基础类别，它们的表征是由各类文化相互交叠影响而成，对民族的集体审美有所塑造。

结 语

本章将汉代瓦当作为一种具有文化向心力的媒介。从瓦当的媒介可供性说起，分析了其媒介的时空偏向，又通过瓦当的传播过程，在给定时空体系中确立建筑的一般形式与关系的秩序，确立景观；而后通过社会交往网络在社会范围内建立联系，达成互动，最后稳定输出自身价值体系，传播了其承载的诸多价值。因此，文化通过传播过程影响个体的一般传播进路是构建景观－展开互动－文化共享，这与传播的仪式观不谋而合。如果说传播的传递观一词的原型是出于控制的目的在一定地域范围内拓展信息，传播的仪式观的原型概念即是以一种团体或共同的身份将人们吸引到一起的神圣典礼[2]。这是一种强调文化中心地位的传播观念，能够代表这种思想的词汇诸如"联合""信仰""团体""分享"等，仪式观的传播过程中心思想不再止步于信息传达的完成度，而是强调"信仰共享"与"秩序维护"，旨在通过传播活动"构建并且维系一个有秩序、有意义的能够支配和容纳人类行为的文化系统"[3]。与传播的传递观相对，仪式观是具有时空面向的，它先验性地规定了空间维度的坐标系，并对这汉代疆域空间中的秩序进行构建与维护，核心是"信仰共享"

---

[1] 斯图尔特·霍尔（Stuart Hall）编；徐亮，陆兴华译：《表征文化表象与意指实践》，商务印书馆，2003年，第19页。
[2] 詹姆斯·W. 凯瑞：《作为文化的传播："媒介与社会"论文集》，丁未译，华夏出版社，2005年，第7页。
[3] 詹姆斯·W. 凯瑞：《作为文化的传播："媒介与社会"论文集》，丁未译，华夏出版社，2005年，第7页。

与"共性互动"。瓦当这一媒介则是通过形成一种景观式的媒介环境，最终使得个体共享信念，形成集体。

　　这里其实还包含着一种主流文化传播的一般进路：景观构建－互动展开－文化共享，从最初构建景观的被动，到互动展开时参与式合作，再到最后文化共享，成为信仰并创造文化的主体，人作为瓦当的媒介对象，是从被动到主动的，这实际上也是文化的标准化、扩散、浸润、统一、自觉的过程。从文化被创造，到文化传播，再到文化被内化，将原始对象作为共同文化或者共同信仰，着现实了传播的自我回归。因而，在群体关系网络中，文化的传播的目的不在于扩散而在于回归，扩散信息是一种手段，回归价值本身才是终极目标。

第八章

唐碑：碑刻技艺与唐代知识生产传播

引 言

碑刻，是以石碑为载体进行文字及图案的铭刻。黄永年先生认为碑刻"均以石上刻有文字，供阅读识别者为限"。碑刻有三个基本要素：第一，以石为载体，与青铜器金文相区分；第二，石上一定要有文字，不能仅仅是图画；第三，文字是刻出的，在碑刻制作中必须有刻工参与。在具体类别上，碑刻大约有碑石、墓志、塔铭、造像题记、经幢等形式。[1]唐碑可谓古代碑刻艺术之集大成者，是碑刻艺术史上的典范。有研究者统计，唐代关中碑刻有3017部，其中1524种保存下来，包括碑石、墓志、经幢、塔铭、造像记等多种形式，内容主要涉及记事述颂、哀悼纪念、经典文献、刻诗题名四个方面[2]。从时间向、空间向、实践向三个维度来看，唐碑在碑刻艺术史中均具有重要意义，对于唐代的书法知识、宗教知识传播具有仪式化作用。唐碑代表性作品《圣教序》集书法艺术、宗教思想与统治者意志为一体，是以碑刻为媒介勾连书法、宗教与统治者的印证。

一、时间向：集碑帖大成于唐

碑刻艺术发端于先秦，原为无字且无形制的竖石，常用于观测日影、牵引棺木、拴缚牲畜等。东汉是碑刻的第一个发展高峰期，东汉重视厚葬，此时碑刻种类增多，包括刻石、摩崖、碑、石经等，且碑刻文字较多，如《熹平石经》达万言以上，字体以隶书为主。东汉碑刻的盛行与当时的丧葬制度紧密相关，碑刻内容也以叙事为主，讲述人物生平事迹，如《张迁碑》《曹全碑》等。魏晋南北朝时期，统治者为抑制厚葬之风，屡次颁布禁碑之令，唯有身份地位显赫者才有资格立碑。到了隋代，立碑之风再度兴起。唐代是我国古代碑刻艺术最为璀璨的时期，是中国碑刻史的高峰，唐碑奠定了后代碑刻的典范，在唐之后碑的形制基本再无变化。

"碑帖"现在常合而为一，但"碑"与"帖"原本并不相同。《说文解字》载："帖，帛书也。"帖最早指书写在帛或纸上的墨迹原

---

[1] 黄永年：《古文献学四讲》，鹭江出版社，2003年。
[2] 侯立新：《关中唐代碑刻研究》，陕西师范大学博士学位论文，2014年。

作；将碑刻文字拓下来做成帖，最早源于魏晋时期，后帖的概念便被延伸至拓本。南朝王僧虔认为，钟繇所书的《宣示帖》是现今文献中有关法帖的最早记载。唐代产生了书学临摹的范本概念，将书法家的墨迹真笔刻在石头或木头等物质载体上，再制作拓本，从而满足书法学习、传播的要求。在此之前，人们学书是没有范本的。

二、空间向：印刷术以前的复制技术

石刻的最大价值是保存了唐代文献的原始面貌，可补订史籍的缺失。[①] 碑刻依托于石材，受到地点、环境等条件的制约。碑刻作品主要靠拓本传播。

拓本直接启发了雕版印刷的发明与发展，但在印刷还未普及的年代，拓本是知识传播的主要途径。东汉以来广泛立碑的传统，以及魏晋时期书法大家的出现，又为拓本的出现和普及提供了诸多物质性材料。拓书被刘光裕先生称为"印刷术以前的复制技术"。相比于印刷品的知识传播功能，拓本更能保存书写原貌，具有更高的书法艺术价值；反之，书法艺术价值也客观上推动了拓书在文人间的传播。

三、实践向：以书法爱好者为行动者核心

书法是一种"文字崇拜"，最早可追溯至仓颉造字的传说[②]。唐代统治者对书法的喜爱形成了社会重视书法的风气。唐太宗爱书法，尤爱王羲之，在全天下广泛搜罗王羲之墨迹。此外还恢复"国子监"，设置书学博士和助教，专门教授学生书法。在科举考试中设立"明书"科，考察杂体书法和文字学，专门选拔文字和书法方面的人才。此外，书法是科举考试各科的基本功，"明经"科、"进士"科的考生也需要进行书法学习，唐代举子获得进士等科名以后还需参加吏部的铨选考试才能获得官

[①] 陈尚君：《陈寅恪先生唐史研究中的石刻文献利用》，《中山大学学报（社会科学版）》2000年第1期，第48—52页。

[②] 杨江泽：《书法视觉经验的重塑——试论当代的书法视觉、传承与传播》，《大学书法》2022年第1期，第120—125页。

职，其中便有对"书"的要求，考查标准是"楷法遒美"，可见唐代科举对楷书的重视。总而言之，书法是唐代入仕的必考科目。唐代以楷书为盛，其代表人物有初唐的欧阳询、虞世南、褚遂良、薛稷，中唐的颜真卿，晚唐的柳公权。

作为初唐书法作品的代表之一，《圣教序》有四个版本，初版是唐太宗命褚遂良书写、万文韶刻的《雁塔圣教序》，后太宗又命沙门怀仁搜集王羲之字创作了《集王圣教序》，《集王圣教序》成为唐代书法史体系和框架的主导者[①]。《圣教序》的另外两个版本是《同州圣教序》《招提寺圣教序》，较少被提到。本文以前两种《圣教序》为例，分析在前印刷时代的唐代，碑刻何以作为一种媒介进行知识传播。

第一节　碑刻相关研究

一、"碑刻"与"碑刻学"

碑刻开始于汉代，经过魏晋南北朝的发展，到唐代日益兴盛。唐代石刻研究始于宋代，至清代成为显学。如今所说的"碑刻学"，与古代传统金石学、石刻学、文字学等均有所不同。通过CNKI关键词指数分析可以发现，碑刻研究的数量在21世纪以来呈现出波动上升趋势，其相关研究多是在考古、旅游以及历史学等学科领域。

首先，金石学是一门中国古代传统学问，研究的是中国古代铜器和石刻及其他材质上的铭刻。"金"主要是指先秦青铜器，"石"主要是指有文字之石刻。金石学源于北宋时期，至清兴盛，主要包括文字考释、史料校勘与考证等方式，目的为正经补史。其概念主要参考马衡的《中国金石学概论》以及朱剑心的《金石学》。在西方考古学输入后，"金"被分到考古学和古文字学，而"石"的部分在历史学、考古学以及书法学中都有提到。但金石学中"金"的意义过于广泛，不止包括"碑"，还包括各类器物或者载体。第二，石刻学主要关注"石"的部分，例如对石雕、造像的研究对石上之内容

---

① 李慧斌：《王者之风：〈集王圣教序〉与唐代书法史一个断层的重建》，《中国书法》2019年第20期，第4—10页。

关注较少，而碑刻学关注的主要是文字以及附加在碑刻上的纹饰图案。第三，文字学研究文字的起源、发展、性质、体系及其形、音、义关系、正字法以及个别文字的演变情况等的学科。然碑石之上不仅有文字，还有符号、图案等内容，故碑刻学也无法为文字学所涵盖。黄永年先生在《古文献学四讲》中对碑刻学与其他相似学科的关系做出解释，"不得已尚以'碑刻学'为相宜"④。"不得已"三字似是道出了近代以来中国传统学科体系受冲击后的无奈，但至少，碑刻学之名已最大限度地兼顾了传统学说与专业细分学科。

二、唐代碑刻相关研究

在CNKI数据可视化检索中，唐代碑刻研究主要为墓志铭和书法艺术研究。墓志常有传记特色，一个家族的墓志往往与时代的变迁有种种关联，如陈玮考释《唐窦伯岁墓志》，研究唐代党项窦氏家族的身份认同、汉化风气及其对于晚唐夏州藩镇武力的渗透。墓志具有极高的史料价值，如周伟洲研究陕北出土的唐至五代三方党项拓拔氏墓志，与史料相结合，探讨党项拓拔氏从唐末后攀附元魏鲜卑拓跋氏的过程①；再比如《大唐西市博物馆藏墓志》一书收录了博物馆内珍藏的近五百方重要墓志，吕建中、胡戟编写的《大唐西市博物馆藏墓志研究》中收录了20篇相关论文，探讨新史料研究之价值②。此外，在新史学转向之下，研究者开始关注普通人的墓志，如徐畅通过"人生史"研究法，借助西安出土的《辅恒墓志》，还原一位"反模式"农人的完整一生，并以"小人物"的微观史，关联起唐人入仕途径、京畿社会流动、武周政治等关键问题③。

其次为书法艺术研究。碑刻对于书法研究的价值在20世纪就已成为共识，朱家濂先生在《从碑刻看初唐书法》中提到初唐

---

① 周伟洲：《陕北出土三方唐五代党项拓拔氏墓志考释——兼论党项拓拔氏之族源问题》，《民族研究》2004年第6期，第70—81页。
② 吕建中、胡戟：《大唐西市博物馆藏墓志研究》，陕西师范大学出版社，2013年。
③ 徐畅：《唐前期一位京畿农人的人生史——以大唐西市博物馆藏〈辅恒墓志〉为中心》，《社会科学战线》2018年第12期，第101—111页。

书法家人才辈出、风格多样，呈现着一种绚丽灿烂的景象①，冉令江通过唐代墓志研究书法的"提按"用笔与唐楷之演变②。学者们对于碑刻中史料性和书法性价值也多有争论，如牛健认为仅以"纪念碑性"来看待敦煌遗书中的《篆书千字文》和《唐故河西管内都僧统邈真赞并序》是远远不够的，而从中所见唐代篆书的写和刻更有价值③。此外，书法研究也常与历史研究相结合，如悦青以法门寺石刻的书法特点，揭示佛教石刻与时代书风之间的关系④。

三、唐代书法与碑刻

书学临摹的范本概念至唐代才建立，在此之前是没有书法范本的概念的，人们学书的渠道非常广泛，主要是向墨迹、碑刻学习。欧阳修在著录《集古录跋尾》时，著录的标准分为书法、文字、文学、史料四个方面，其中书法方面的价值是主要标准，此外还选择了一些名气不大或佚名但具有很高鉴赏价值的碑刻，并认为应该以作品本身所体现的艺术价值为收藏标准。⑤

碑刻与书法关系最密切的现象便是集字。集字在南北朝时期就已出现，如集王羲之书法，《徐氏法书记》记载："梁大同中，武帝敕周兴嗣撰《千字文》，使殷铁石模次羲之之迹。"广泛的集字出现在唐代，学界对书法集字的研究更多是集中在以《集王圣教序》为代表的"集王行书"上⑥。《集王圣教序》一问世便引起轰动，成为书法界必学拓本，《集王圣教序》碑及其传世拓本也是王羲之书法成就的载体⑦。对《集王圣教序》的研究自北宋便开始了。

书法与宗教之关系也十分微妙，两者互相成全。陈寅恪先生曾

---

① 朱家濂：《从碑刻看初唐书法》，《文物》1959年第8期，第36—40页。
② 冉令江：《论"提按"用笔与唐楷之演变——以欧、褚、颜、柳及千唐志斋所藏唐楷墓志为例》，《中国书法》2020年第10期，第102—113页。
③ 牛健：《"纪念碑性"的误读：敦煌出土唐代篆书墨迹的书写性——兼论唐代篆书的写与刻》，《书法教育》2021年第10期，第18—26页。
④ 悦青：《法门寺石刻书法述评——以北周、唐宋、金代为中心》，《中国书法》2020年第4期，第74—81页。
⑤ 张岩：《刻帖的兴起与"书法经典"的形成》，中央美术学院，2019年。
⑥ 郁伟伟：《以"集王行书"为主体的唐宋时期书法集字现象——以〈集王圣教序〉为例》，《艺术百家》2021年第37期，第158—164页。
⑦ 路远：《王羲之书法成就的可靠载体——〈集王圣教序〉碑及其传世拓本》，《收藏界》，2005年第2期，第82—85页。

论述过书法与道教的关系,"书法之艺术实供道教之利用"①,书法与画符之间关系密切,除却纯粹的审美,书法亦有宗教膜拜的意义②。

就目前的研究而言,首先,与碑刻相关的研究多在书法界,较少研究碑刻的物质特性、媒介特性、传播特性,碑刻作为一种交流的媒介在研究中是被忽视的。其次,唐代佛教、书法及政治常被单独探讨,但极少能研究其中的关联,而碑刻正是将上述三者相互勾连的媒介。

第二节 人、物与交通: 唐代碑刻鼎盛的物质技术条件

一、书法家与工匠

书法与镌刻乃亦步亦趋的关系。书法艺术最早便源于刻③,甲骨文便是刻在龟甲、兽骨之上的,石刻书法在中国书法史中具有重要地位。碑刻的艺术价值集中体现为其石刻书法的价值。石刻书法是指将书法作品文字按原有笔画和形状翻刻于碑和石之上,故其创作需要两个主体的参与——书法家与刻工。

书法大家是碑刻艺术得以发展普及的前提条件。唐代之前书法艺术已然形成,并出现了书法大家王羲之、王献之等。而魏晋时期因禁碑之令,加之拓本技术仍处于初级发展阶段,书法与碑刻艺术的结合并不紧密。唐人重视书法,书法成为唐代入仕的必考科目。在科举制度的影响之下,唐代文人墨客无不擅长书法,因此欣赏碑刻、拓本等也成为彼时文人的共同雅趣。唐代碑刻之风兴盛,优秀工匠将书法大家的隶书、行书、楷体作品刻于石上,彰显着这一时代独特的书法规范。

唐代最有代表性的字体为楷书。楷书比隶书更简单,字形

---

① 陈寅恪:《金明馆丛稿初编》,上海古籍出版社,1980年。
② 杨江泽:《书法视觉经验的重塑——试论当代的书法视觉、传承与传播》,《大学书法》2022年第1期,第120—125页。
③ 刘阳:《庐山历代石刻研究》,江西人民出版社,2019年。

由扁改为方。新体楷书源于曹魏时期的钟繇，在王羲之的发展下形成魏晋时期特色的楷书，到了唐代楷书正式成型，初唐欧阳询、虞世南、褚遂良、徐浩等进一步发展了楷书。唐楷重视法度，以唐中后期的颜真卿、柳公权的"颜筋柳骨"为代表。总之，到了唐代，书法发展进入以风格流派为中心的新时期[①]。唐代书法家往往以碑刻作为保留书法真迹的方式，其代表作往往也都以碑的形式呈现，碑刻是书法作品流传的必要媒介。如褚遂良的《雁塔圣教序碑》集中体现了其楷书风格，欧阳询的楷书代表作有《九成宫醴泉铭》《皇甫诞碑》《化度寺碑》等，颜真卿的《大唐中兴颂有序》厚重森严、饱满大气，柳公权传世碑刻有《金刚经刻石》《玄秘塔碑》等，《复东林寺碑》保留了其晚年笔迹。

工匠是碑刻与书法艺术之桥梁。碑是集书法、雕刻、绘画于一体的，且与周边环境相互关联的综合的文化载体。唐代碑刻的兴盛与刻工技艺的发展密切相关。优秀的刻工可以将书法作品的神韵尽可能地体现在石刻之上。

物勒工名最早源于战国时期，主要是为了明确责任。古人以石刻保存书法作品，为保留书法作品原旨，愈发重视刻工的水平。很多书法家，如钟繇、李邕等甚至亲自铭刻。隋唐之后，书法艺术尤为兴盛，书法大家对于镌刻的要求更高，刻工的水平和技艺也在不断提高，在碑刻作品中出现铭刻工人的名字也更为普遍，如碑刻作品结尾处往往写有"某某刻"。唐代出现了全国有名的刻工，如欧阳询、褚遂良等大书法家的作品，很多都出自镌刻名家万文韶之手；晚唐柳公权的碑刻作品，很多由邵建初、邵建和两人完成。[②]

二、石材与交通

嘉石乃灵碑之前提。石材是雕刻的基础条件，不同质地的石材影响书写与刀刻的效果，石材的质地、色泽、形状等均是碑刻艺术的重要审美要素之一。重视选石源于东汉时期。西汉的石刻往往质地粗糙，故其石刻很难达到高水准。东汉很多碑刻都记载有采石之事，可见东汉时期世人已经意识到石料对于碑刻的重要性。如《孔

---

① 马新宇：《图说中国书法》，吉林人民出版社，2009年。
② 王文广：《中国古代碑之设计》，荣宝斋出版社，2013年。

宙碑》记载:"古吏门人,乃共陟名山,采嘉石,勒铭示后。"《衡方碑》记载:"采嘉石,树灵碑。"《武梁碑》记载:"竭家所有,选择名石,南山之阳,擢取妙好,色无黄斑。"《泰山都尉孔宙碑》碑末记载:"涉名山,采嘉石。"

  石材一般就地选取,各地均有代表性的石材,如北京房山大石窝的燕石、南京汤山的沉积岩、山东的鱼子石、陕西耀县与河南洛阳龙门的石灰岩、浙江衢州开化县玳瑁石等。《大唐中兴颂》由元结撰文、颜真卿书写,请当地最好的刻工刻于峿台下陡峭的石壁之上,这种石材是湖南浯溪特有的,石色清润,质理紧细,平坦如削,最适合雕刻碑文。清代最为典型的为《纳腊卢氏墓志》和《黑舍里氏圹志》,选用的石料为汉白玉,晶莹温润。

  除就地选材之外,唐人也会依靠交通运输优质石材。唐人对石材的把握已经相对熟练,此时石碑的形制有所变化,碑额与碑身可单独雕刻,再以榫卯结构嵌在一起。此种形制的变化使得唐代在石料选材及运输方面有了更大的空间,不再受石料大小的严格限制。唐郑蜗《津阳门诗注》载"佛殿中有玉石像,皆幽州进来",由此可知,华清宫的石材很多是从幽州(今北京)运输来的。姜亮夫《莫高窟年表》中明确记载,华清宫内玄宗像是以太白山(位于今宝鸡)的石料雕刻而成,而老君像是以幽州白玉石雕刻而成。由此可知,唐代的石料运输已经非常普遍,幽州的汉白玉石料向长安进贡是常见之事。石料运输得益于统一的交通运输渠道。相较于前朝,唐时的官驿有很大发展,形成了以长安为轴心的全国辐射性交通网络[①]。此外,唐代水运尤其发达,并趋向制度化、规范化,如《唐律》中明确规定了船舶的载重。

第三节　基于碑刻的知识生产与传播

  唐代碑刻兼具书法艺术性与宗教特色,在书法和宗教知识

---

① 马强:《出土唐宋石刻文献与中古社会》,巴蜀书社,2018年。

传播的驱动下，唐代碑刻达到巅峰。在作为知识传播的媒介的同时，由统治者发起的碑刻将书法、宗教与统治者意志相结合。

一、书法与宗教推动下的知识生产

《圣教序》碑刻的产生与书法、宗教等因素密切相关。《雁塔圣教序》与《集王圣教序》内容略有差异。《雁塔圣教序》包括两个部分，上碑为序碑，是唐太宗李世民撰写的《大唐三藏圣教序》；下碑为序记碑，是唐高宗李治撰写的《大唐皇帝述三藏圣教序记》。而怀仁和尚的《集王羲之书圣教序》多了两个部分，一是玄奘所译《般若波罗蜜多心经》，二是其他立碑相关人员的说明。两种《圣教序》的内容主要与佛教思想相关，如玄奘事迹、佛教经文等，这些内容主要是由统治者来叙述的，包含了歌功颂德的部分；碑刻的书写均由书法大家完成，一是初唐楷书的代表人物褚遂良，二是怀仁和尚历时二十五年搜集的王羲之的字。

第一，唐代书法艺术的发展推动了碑刻的产生。书法家有保存作品的需求，士人在科举制度之下产生了学习、欣赏名家书法的需求，在书法发展的推动之下，以碑刻为媒介的书法生产更加普及。

褚遂良的书风受到王羲之的影响，褚遂良初学虞世南，而虞世南书法师承智永，据《宣和书谱》，智永为王羲之七世孙，得王羲之法，其影响路径大致为"王羲之→王智永→虞世南→褚遂良"。褚遂良后自成一家，《雁塔圣教序》是其书风成熟的代表作。褚遂良书法成就与和太宗皇帝的关系密不可分。一方面，在军事及政治领域，褚遂良得唐太宗重用，《新唐书》记载，"太宗征辽，子遂良从"；另一方面，在书法造诣上恰好符合太宗皇帝对王羲之书法的推崇。

初唐书法基本延续了魏晋南北朝及隋朝的风格，独尊二王，这种书风的形成主要是由于唐太宗李世民的大力倡导[①]。在唐代以前，王羲之书法成就虽高，但能见到其真迹的人很少。怀仁和尚及其团队搜集王羲之真迹，于贞观二十二年（648）至咸亨三年（672）历时二十五年完成《集王圣教序》。刻碑之后便引起大规模的传拓风潮，"崇王"成为当时的社会风尚也就不足为怪了。王羲之、《圣教

---

① 侯立新：《关中唐代碑刻研究》，陕西师范大学博士学位论文，2014年。

序》及李世民三者间乃互相成就之关系：王羲之真迹入碑，使得《集王圣教序》成为书法必学之经典；《集王圣教序》刻碑及其引起的传拓风潮，巩固了王羲之在书法史上的地位；李世民如此推崇王羲之，也是借书法思想以巩固初唐统治。

第二，唐代文化政策兼容并包，佛教在经历了打压之后，以玄奘取经归来为转折点，重新获得了统治者的扶持，由此促进了佛教思想的碑刻生产。

从碑文内容来看，玄奘取经类似于德布雷所讲的"肉身路线"，从这个意义上说，这一时期的佛教恰恰是以身体为中介传播的。德布雷对比了基督教与犹太教，认为犹太教的传播逻辑是阐释，它的核心介质是《出埃及记》，实际上是用一种集体性的历史宏大叙事向人们灌输犹太教的信仰；而基督教的传播逻辑是化身，它的核心介质是圣体，实际上是用一种个人化的宗教体验让人们获得肉体与精神共在的境界[①]。简言之，在德布雷看来，犹太教是反身传播的典型，而基督教则是具身传播的典型；犹太教注重精神灌输，而基督教注重肉身共在。德布雷媒介学所提倡的身体实践，正是受基督教肉身路线的影响下形成的，具体表现为三个层面，即基于肉身间性的社会互动、基于肉身耦合的组织动员与基于肉身介入的制度实践[②]。在《圣教序》碑文中，佛教传播的"肉身为媒"特征主要通过佛教之入世、玄奘之历程两方面表现出来，并通过碑刻这一具有公告性质的物质性媒介宣告世人，以增强佛教思想的可读性与可信性。

《圣教序》文中多次强调佛教应身显现的部分。"若隐若显，运百福而长今"[③]，"若隐若显"，指佛法并非神秘莫测、难以捉摸，而是常显现于天地。"运"字作为动词，其主语是佛法，以佛法为动作的发出者，恰恰强调了其物质性或者说具身性的一面。皇太子李治言，"极空有之精微，体生灭之机要"，佛教集空

[①] 雷吉斯·德布雷：《图像的生与死》，黄迅余、黄建华译，华东师范大学出版社，2014年。
[②] 吕清远：《媒介学中的身体问题与身体研究的媒介学理路——探访一种中介化的身体传播思想》，《新闻大学》2022年第7期，第1—13页。
[③] 董诰等编：《全唐文卷十 太宗 七 大唐三藏圣教序》，中华书局，1983年，第119页。

门与有门，此句直接点明出世与入世的辩证统一。"赴感应身"，直言佛之"应身显现"。"转双轮于鹿苑"，"鹿野苑"是地名，在中天竺波罗奈国，"转"作为动词，是指转定轮（禅定）和慧轮（智慧），通过佛教地名与动词可以体验到佛之"肉身性"，而非无身无形、虚无缥缈之想象。[①] 佛教实践之主体是玄奘，玄奘西域取经之历程便是将佛法化为"肉身"进行传播的最好例证。此外，太宗皇帝与皇太子李治均从玄奘幼时之天资、取经路上之艰难险阻、西域之国见闻以及搜集佛经并译经几个部分来介绍玄奘，其所言玄奘之经历种种，意在向世人说明，佛是可见的，或者说，至少是可接触的。一方面，天资聪慧、"早悟三空之心"的沙门领袖玄奘本就是佛法的化身；另一方面，玄奘十七年周游西域列国取经之经历说明"身体"在佛法修行中的重要作用，经历苦难方能修成正果。

二、以统治者意志为核心的知识传播

将碑刻的佛教、书法与媒介特征相结合，可以发现碑刻作为一种媒介仪式，被统治者视为一种文化统治策略而存在。具体来看，主要体现为以碑刻为媒介宣传宗教思想以及立碑教导世人两个方面。

第一，以碑刻为媒介呈现宗教思想。宗教作为一种文化现象，它总是在同社会中的其他文化现象相互影响、相互交融乃至相互摩擦的进程中得到发展的[②]。单从碑文来看，李世民对佛教尤为尊崇，然在玄奘取经归来前，李世民并非佛教信徒，甚至采取"抑佛"的措施，也并未支持玄奘西行。南朝佛教势力在梁武帝时可谓至极，其时京师寺刹多至七百[③]，大量人力、物力、财力被寺院侵吞，故此李渊父子最初实行"崇道抑佛"的政策，以打压残余世族之势力。唐初，佛道儒三家，唯佛教饱受争议，玄奘将其原因归为魏晋以来佛教派别内部的争议，故决定前往西域求得佛法[④]。玄奘于贞观二年（628）八月申请西行，却被拒绝，"玄奘当去之时，已再三表奏，但诚愿微浅，不蒙允许"。之后灾荒渐起，朝廷下令可以"逐丰四出"，

---

① 董诰等编：《全唐文卷十 太宗 七 大唐三藏圣教序》，中华书局，1983年，第178页。
② 黄钊：《隋唐佛学思潮泛论》，《湘潭大学学报（哲学社会科学版）》2009年第1期，第77—85页。
③ 汤用彤：《汉魏两晋南北朝佛教史》，商务印书馆，2017年。
④ 玄奘：《大唐西域记》，上海人民出版社，1977年。

玄奘于是混入灾民之列偷渡出境。"遂以贞观三年四月,冒违宪章,私往天竺。"贞观三年(629)四月,玄奘偷渡玉门关。① 玄奘西行取经归来,李世民对玄奘及佛教的态度转而大力宣扬,无论是抑佛还是崇佛,均是出自皇帝巩固统治之目的。

唐太宗在《度僧于天下诏》中讲佛教"慈悲为主",却又限制僧人数量,"当处所度多少,委有司量定"。又在《为战亡人设斋行道诏》中要求起义农民"灭怨障之心,趣菩提之道",将佛教看作弱化劳动人民反抗意识的重要工具②。从《圣教序》内容可知,佛法在李世民的眼中无上高深,但他更为看重的是以佛教的理论来治理天下,即"典御十方"。"故知蠢蠢凡愚,区区庸鄙,投其旨趣,能无疑惑者哉!"佛教之教义对于缓和社会矛盾、维护政权稳固方面具有重大作用,因此隋朝皇帝大力推行佛教。李世民亲历了隋末的农民起义,从缓和矛盾、治国安民的角度,借佛教以安抚人心。

第二,立碑以传播、传承思想。《北史·突厥传》:"宜传播天下,咸使知闻。"由此可见,至少在李唐王朝之前,就已经有"传播"观念了。"传"字有两层含义,一是传播,二是传承。在前印刷术时代的唐朝,立碑兼具两种传播特征,一方面,立碑特别是统治者主导的立碑赋予了碑文更为重要的地位,这些碑刻因此被广为传拓;另一方面,石碑作为时间性媒介,碑文上的内容必然会为后人所知,所以也有传承的意义。从这一角度看,佛教教义、王羲之书法以及刻碑,无一例外均是为李唐王朝统治而服务。

总的来说,立碑在统治者的意志下成为宣扬佛教思想、巩固多民族统一的仪式。除表彰玄奘以外,碑中也不乏歌功颂德的内容,尤其体现在皇太子李治的序记当中:"岂与汤武校其优劣,尧舜比其圣德者哉!"碑刻、书法和佛教的兴起均不是孤立的现象,而是初唐文化统治策略的结果。首先,碑刻、书法与佛教等多种文化类型在初唐的社会环境中呈现出"互嵌"

---

① 温玉成:《中国佛教与考古》,宗教文化出版社,2009 年。
② 黄钊:《隋唐佛学思潮泛论》,《湘潭大学学报(哲学社会科学版)》2009 年第 1 期,第 77—85 页。

的关系：碑刻作为书法和佛教传播的载体而存在，书法文本与佛教文本成为碑刻的内容，书法与佛教之间互为传播的载体。其次，初唐的文化传播更多依赖于人的在场这一前提。书法的艺术性、佛教的宗教性，集中反映在碑刻当中，其中包含着拓本传播和石碑传承两种传播方式，在"崇王""尚佛"等情感导向之下，思想渐趋统一、包容、开放。由此可见，在《圣教序》一例中，碑刻成为统治者用以维护统治的仪式，勾连了书法、宗教等知识与统治者意志，碑刻自身的传播与传承特性使得其成为各类知识、信息传递的媒介。

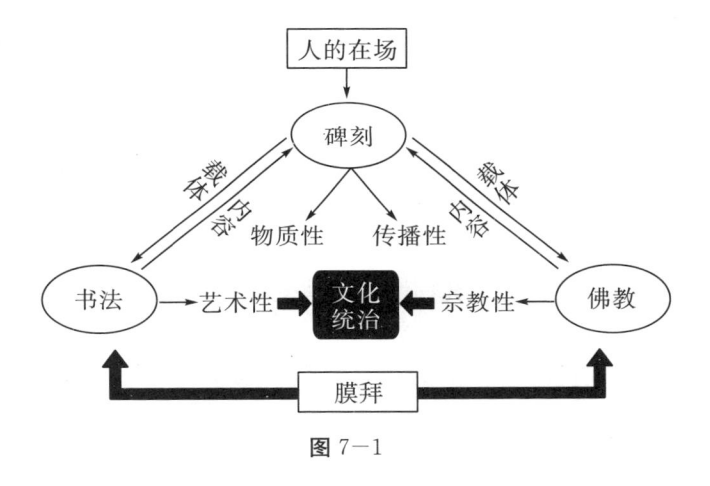

图 7-1

第四节 承前启后：
唐碑在知识传播中的作用与问题

唐代是碑刻的鼎盛时期，在前印刷时代，唐碑既是社会中知识传播的主要媒介，又是历史传承的重要媒介。具体来说，唐碑具有传递信息、留存内容、代表仪式等方面的作用，同时又可能导致知识集中化与阶层固化的问题。

一、石刻恒久远：碑刻的历时与历史作用

以印刷技术的视角来看，碑实际上充当印刷模子。此外还可以根据拓本进行翻刻和复刻，制作碑的复制品。这种对碑石的复刻也体现了一种印刷文化。在各类内容书写与传播中，碑刻被统治者利

用,成为传递统治者意志的媒介。具体而言,碑刻在历时与历史方面均起到多种作用。

在内容上,一方面是横向传播的内容。第一是昭告国是的内容,如唐玄宗封禅泰山后亲自撰写《纪泰山铭》,记载了封禅的起因、规模和典礼的过程;再如唐玄宗亲自撰写的《阙特勤碑》,作为当时突厥与唐友好的象征,记述了后突厥汗国创立者毗伽可汗与其弟阙特勤的事迹。第二是文学、书法方面的内容。碑刻可及时、随地展开创作,石材容易获取、廉价,且易于雕琢。第三是教育类知识,将儒家经典刻石供学子抄录学习,这类碑刻承担了教材的角色。

另一方面是纵向传承的内容。第一是记录历史,可用于典籍考证。如元结作、颜真卿书《大唐中兴颂》记述了安史之乱及大唐中兴之事。第二是保存书法艺术与文学艺术作品,碑刻作为一种承载文化内容的方式,保留了当初的文学作品与书法作品,书法家的旨趣、碑刻的水平、石料的选取等均可从中呈现。第三是可从碑刻的形制演变考证礼仪制度的演变,如不同社会等级的人的墓志形制区别等。在文字内容之外,碑刻本身也代表一种纪念性仪式,可以通过碑刻了解当时的社会文化风格。

二、知识的集中与社会分层:碑刻传播的局限与问题

相较于印刷时代的纸制品,基于碑刻的知识传播仍然有很多限制。第一,碑刻作为一种传播方式会加剧知识群体的集中化。碑刻往往需要文人主动地前往欣赏,拓本也主要是基于书法需求而制作的。在科举制度的驱动下,唐代文人大都有学习书法的需求,而在科举考试之外的群体则很难通过碑刻或拓本接受到知识与信息。碑刻与拓本均是以文字为知识传播的媒介,这种传播方式从一开始就规定了受众群体至少是识字的文人阶层,相比于印刷时代图案的传播而言,仍具有较大的受众局限性。

第二,唐代碑刻审美、艺术知识多,而关于生活、生产的知识较少。少数碑刻记载有生活、生产知识,如宋代刻针灸图经碑,明代的《海上仙方碑》《千金宝要碑》《肚痛帖》《周公测

量台》等,但唐代此类碑刻较少。唐碑数量庞大,其内容主要涉及记事述颂、哀悼纪念、经典文献、刻诗题名四个方面[①]。唐碑记载的大都是具有一定社会地位的人或其作品,刻碑作为一种耗费人力、物力、财力的仪式,很少观照普通下层民众的日常生产生活。这一情况在印刷普及之后才有所改观。就唐碑而言,其传播的更多是书法知识、文学知识、宗教知识,以高雅为特征,传递出一种审美功用。按照帕克对于知识的分类,可以说唐碑在当时社会中主要承载并传播"相知的知识",而对于"相识的知识",即熟悉的、日常生活的知识并不关注。

---

① 侯立新:《关中唐代碑刻研究》,陕西师范大学博士学位论文,2014年。

第九章

宋版：雕版印刷、类书与宋代的知识生产与传播

引 言

"华夏民族之文化,历数千载之演进,造极于赵宋之世。"陈寅恪先生对宋代文化给予了高度评价,此处的"华夏民族文化"主要指向宋代的学术成就。① 宋代学术繁荣具体表现在出现了大量的新兴学术流派和书籍类型,典型的新兴学术流派有义理之学、史学(包括纪传体正史、编年体史书、纪事本末体、地方志以及年谱学等)、金石考据学与文献目录学等,典型的书籍类型则有类书、丛书、笔记小说等。其中,类书是宋代学术知识的集大成者,尤其是宋代前期的四大类书——《太平御览》《太平广记》《文苑英华》《册府元龟》,实现了对既有文献知识的分类汇编,在中国的学术发展史上起到了里程碑式的作用。宋代学术的繁荣离不开雕版印刷术,正是其在宋代的成熟和推广,才使得书籍的批量复制成为可能,进一步激活了学术知识的生产、传播与消费体系。同时,社会不断增长的对批量复制书籍文献的需求,又反过来促进了雕版印刷技术的进步和普及。

纵观现有的文献,学者们从不同的维度、不同的路径对宋代雕版印刷、类书都进行了讨论。在雕版印刷领域,主要的研究路径有三条:一是经典的技术史研究,杨玲就聚焦于宋代雕版印刷的纸、墨与基本工艺,进而考察宋代印刷业繁荣背后的物质技术因素。② 二是将传播学视角引入印刷史研究中,探究印刷媒介在国内或国外的传播路径及其在传播过程中受到的影响,拓宽了印刷史研究的范式。其中,应岳林针对印刷术在东亚迅速传播而在西亚则传播缓慢的原因进行了深入的考察,发现东亚、西亚间存在着地理位置、宗教禁忌及传播媒介等方面的差异,进而影响了技术传播的速度。③ 第三条研究路径也是印刷史研究视野突破的重要表现,即由技术分析转向出版文化研究,开始关注到文化传播、社会变革的关系,以及人的

---

① 陈寅恪:《金明馆丛稿二编》,上海古籍出版社,1980年,第245页。
② 杨玲:《宋雕版印书工艺技术要素考》,《图书与情报》2005年第1期,第73—75页。
③ 应岳林:《印刷术在中国的起源、发展及在亚洲的传播》,《复旦学报(社会科学版)》1994年第2期,第64—69页。

精神状态。代表性的著作是钱存训先生的《中国纸和印刷文化史》，他关注到社会和文化因素对印刷术发展的反作用，认为在西方印刷事业更偏于一种营利行业，而在中国传统社会中除了少数书坊外，印刷的主要动机并非谋利而是一种道德责任，对知识的保存和传播被认为是一种美德。[①] 关于类书的研究同样丰富而扎实，整体而言可以分为两个版块。首先是对类书是什么的研究，从类书的性质[②]、分类体系[③]以及起源与发展演变过程[④]等方面进行全面的整理和分析，也有学者详细考察了类书的编撰与编排方式[⑤]；其次是对类书为什么和怎么样的研究，进一步分析了类书兴盛的原因和功能。其中，何忠礼和郑瑾认为宋代之所以产生很多类书，有三个重要原因，具体为宋代帝王重视文治、科举制度的改革以及雕版印刷技术的完善和普及。[⑥] 洪湛侯分析了类书查找各类资料、查考事物源流、辑佚三个方面的价值。[⑦] 整体而言，对于雕版印刷与类书的研究丰富而全面，但笔者发现目前鲜有学者对雕版印刷与类书之间的关系进行探析，尤其是雕版印刷对类书的兴起与演化产生了怎样具体的影响与作用。因此，本章将从传播学与媒介学的视角出发，进一步探索雕版印刷术与类书兴盛的社会背景以及雕版印刷术对类书的形塑作用。

具体而言，本章解决以下三个问题：雕版印刷技术与类书都在宋代得到极大发展的社会背景与动力是什么？作为技术基础的雕版印刷术，其成熟和普及对类书的发展产生了何种影响？在这样的技术与文化语境下，宋代形成了怎样的知识生产与传播图景？

---

① 钱存训：《中国纸和印刷文化史》，广西师范大学出版社，2004年，第358页。
② 夏南强：《类书性质新辨》，《晋阳学刊》2000年第4期，第69—75页。
③ 夏南强：《类书分类体系的发展演变》，《华中师范大学学报（人文社会科学版）》2001年第2期，第130—138页。
④ 周少川：《略论古代类书的起源与发展》，《殷都学刊》1996年第1期，第50—56页。
⑤ 王利伟：《宋代类书研究》，四川大学硕士学位论文，2005年。
⑥ 何忠礼、郑瑾：《略论宋代类书大盛的原因》，《浙江大学学报（人文社会科学版）》2003年第1期，第32—39页。
⑦ 洪湛侯：《类书的文献价值》，《文献》1980年第3期，第176—189页。

第一节　从复印技术到基础设施：
雕版印刷技术的创新与传播

一、社会需求的激活与印刷术的创新使用

从本质上讲，雕版印刷术是一种复印技术。中国的复印技术先后经历了手工复印和机械复印两个阶段。[①] 在手工复印阶段，指纹或掌纹曾作为复制对象，主要用于个人的身份认证。随着纸张的发明与应用，复印进入了手工抄书阶段。在机械复印阶段，人们开始应用工具，复印的效率得到极大提升，主要的复印工具与复印技术包括印章、铜刻、石刻、墨拓以及镂印等，其中印章从技术逻辑上来看与雕版印刷基本一致，只是复印的面积与文字数量有差异，而墨拓与雕版印刷的区别在于，墨拓的成品是黑纸白字，雕版印刷的成品是白纸黑字。

由此我们可以发现，雕版印刷是一种由造纸术、制墨术以及雕刻术组成的综合性技术。但造纸术在西汉时期已经出现，雕刻术在秦汉时期也比较成熟了，制墨术更是早在殷商时期已经出现，但为何三者融合而成的雕版印刷术却在宋代才真正得以普及和应用呢？因为当技术基础早已具备，但社会需求却并未被激活时，社会对图书批量复制的需求并不强烈，通过手工抄录和单点式传播即可满足需求，因此印刷术也并没有得到推广与应用。直到唐代的武周时期，也就是武则天当政的时候，相应的社会需求才被激活。武则天是女皇，为了改变李唐贵族以及儒家思想对其统治的束缚，她大力改革科举，使基于察举的贵族政治向基于科举的官僚政治进一步过渡，同时她还积极推广佛教，使佛教在当时的社会影响力逐渐超过了道教。正是因为佛教的兴盛，民间信徒在宗教热情的推动下兴起刻印佛经之风。此外，由于中国古代是农耕社会，人们对历书也存在天然的需求。佛经和历书的刻印正是雕版印刷术在民间兴起的初始动力。《五代会要》记载，唐明宗长兴三年（932），中书冯道因见吴蜀

[①] 钱存训：《中国纸和印刷文化史》，广西师范大学出版社，2004年，第9—10页。

一带雕印售卖的书籍"色类绝多",却"终不及经典",为维护封建统治,由官方主持的儒家经典《九经》的雕版印刷开始了,刻书开始由民间走向官方。①

二、政治经济的双重驱动与印刷术的快速扩散

宋太祖赵匡胤为了防止武将专权以及藩镇割据,推行抑武政策。此后,宋代就一直遵循文治政策,从"宰相需用读书人"到三次兴学运动,通过广设学校以及大开科举取士,宋代出现了"满朝朱紫贵,尽是读书人"的盛况。据史料记载,以北宋贡举为例,取士人数约为唐代的4.5倍,元代的30倍,明代的4倍,清代的3.6倍。宋代举人在12世纪大约有20万,在13世纪更高达40万。② 应举人数的增加激发了书籍供给与流通的需求。宋代城市经济进一步发展,打破了唐代坊市的界限和宵禁制度,城市里可以随处开设店铺,商业区和居民区开始混杂,商人普遍在城内定居,也为知识的生产与消费提供了空间,人口密度高的城市也因为生产能力与消费需求的旺盛演化为印刷中心,进而促进了印刷业与出版业的极大繁荣。

三、书籍生产基础设施:"官－私－坊"三元格局

在文治政策与城市经济的双重作用下,宋代的印刷与出版生态呈现出开放多元的特征,具体体现为知识生产的主体、内容以及形式多元化,整体呈现为"官－私－坊"三元格局。

官即官刻,官刻又分为中央刻书和地方刻书两种形式,中央刻书以国子监刻书为代表,所刻之书称为"监本",而地方刻书以各路使司、公使库以及各大教育机构为代表。地方官府刻书中,公使库的刻本为多,主要是因为公使库有雄厚的财力。此外,宋代州县的学校既有官府提供经费,又有先生指导学生进行校勘,因此,地方上的学校也是官刻的重要场所。值得一

---

① 李白坚:《雕版印刷术的发明:一个漫长的历史过程》,《上海大学学报(社会科学版)》1990年第4期,第78—82页。
② T. F. Chaffee. *Education and Examination in Song Society* (960－1279), Ph. D., dissertation, University of Chicago, 1979, p. 354, table 31.

提的是，地方上的一些书院已由藏书、读书场所发展为区域性学术活动中心，许多书院也会直接刻印书籍。由于书院的勘刻活动大多由学术名家主持，学术性色彩很浓，加上学者们很少对原稿妄加更改，所以书院本弥足珍贵①。官刻自然要代表统治者的出版意志，因此其主要刻印儒家经典，校勘认真，纸墨精良。② 其中，最能凸显两宋时期官刻发达的就是宋代四大类书——《太平御览》《太平广记》《文苑英华》《册府元龟》。③

私刻也称家刻，即个人雇请刻工或出资由书坊刻印的书，一般多由学者或藏书家主持，内容多为公文汇编、文学作品和经史刊刻。④ 私刻（家刻）不以营利为目的，刻书人重视自己的名望，往往对书本进行精细的校对和修订，故质量都较高。典型的代表有南宋时廖莹中世彩堂刻的《昌黎先生集》。

书坊是一种具有商业性质的私人出版发行单位，又称为书肆、书林、书堂、书铺等，由书坊所刻书籍称为坊刻。坊刻以盈利为目的，质量参差不齐，但其书籍内容相对广泛。其经营模式往往是前肆后坊，即销售和生产融为一体。宋代坊刻两大代表为浙江临安陈氏和福建建安余氏。其中陈氏所经营的书坊芸居楼就颇有特色，不但刻书、印书、卖书、租书、赊书，而且内设茶座等，还向老客户赠送笔、砚、书签等纪念品。⑤

四、书籍流通基础设施：横纵交织的多重动力

纵向上看，书籍和知识的流通与传播主要遵循自上而下的方式，具有一定的强制性和引导性。由于刻书既能响应文治政策进而成为一种外显化的政绩，又能实现一定的盈利，因此刻书在宋代官府中蔚然成风，出现了"无路不刻书"的盛况⑥。其发行渠道以学校、官府为主，也有少量官刻本在书肆上出售。官刻本价格受市场影响不

---

① 赵国权：《"重文"视野下的两宋书院刻书活动考论》，《教育史研究》2018年第2期，第63—78页。
② 张锦辉：《宋代雕版印刷与文学传播研究》，陕西师范大学硕士学位论文，2011年。
③ 方芳：《宋代印刷文献研究》，辽宁大学硕士学位论文，2012年。
④ 张锦辉：《宋代雕版印刷与文学传播研究》，陕西师范大学硕士学位论文，2011年。
⑤ 周宝荣：《走向大众：宋代的出版转型》，华中科技大学博士学位论文，2009年。
⑥ 张秀民：《中国印刷史》，上海人民出版社，1989年，第94—94页。

大，一般按政策规定执行，整体比较便宜。宋真宗曾言："此固非为利，正欲文籍流布耳。"因为官刻书印制精美而价格低廉，所以深受欢迎。

横向来看，民间的自发传播也极大地促进了书籍的流通。具体来讲，有基于利益导向并以书坊为空间载体的商业传播，也有以书院、私塾等教育机构为空间载体的群体传播。在横纵传播之间，还形成了以四大刻书中心（即汴京、福建、江浙、四川）为代表的交织点。例如，在北宋的首都汴京就出现了大相国寺这样大规模的图书市场。应举之人会在寺中烧香拜佛、算命算卦，新科进士也会在此处刻石题名以留作纪念。有了大量的消费需求，大相国寺也成为书籍、图画等商品的集中供应地。李清照在《金石录后序》中也记述了北宋末年她与丈夫赵明诚经常相携散步于大相国寺的情景。当时经济比较拮据，但是小夫妻宁肯"质衣取半千钱"，也要"步入相国寺"搜罗书画碑文。[1]

第二节 类书兴盛背后的媒介生态图景

类书作为一种特殊的书籍类型，具有分类汇编知识的重要功能，因此类书往往都是大部头书籍。这样的大部头书籍能在中国古代社会兴盛和普及，离不开雕版印刷术的成熟。

一、媒介技术的进化奠定类书兴盛的物质基础

作为精神产物的知识，其生产与传播离不开物质实体的承载。从"媒介即信息"的视角出发，物质载体的进化与更新也必将反过来改变知识的属性与形态。雕版印刷技术是一种融合性技术，其在宋代的发展是多重技术进步的合力所致。具体来讲，融合于雕版印刷技术的有造纸术、制墨术、雕刻术、装帧术。

纸墨是雕版印刷技术的物质基础。在宋代，兼具低成本和

---

[1] 周宝荣：《论北宋时期的相国寺书肆》，《编辑之友》2008年第2期，第75—77页。

高质量的竹纸成为主流用纸。南方盛产竹子，当时的四大刻书中心有三个（四川、福建和江浙地区）都位于南方。此外，宋代还将废旧纸张进行回槽处理并掺入新纸浆造出"还魂纸"，进一步降低了纸张的生产成本，提高了纸张的使用效益。

在制墨方面，宋代在传统松烟墨制作技术的基础上发明了油烟墨，油烟墨多以桐油、麻油为原料，质地优良、坚实细腻、乌黑发光。整体而言，宋代的纸墨在原料配制、艺术加工、种类品质上均大为提高，纸从一种简单的书写材料升级为文房四宝之一，深受文人雅士的喜爱。

除了物质基础的发展，作为印刷术的核心技术，雕刻技术也愈加成熟，雕版数量也极大增长。有史料记载，在宋朝初年，国子监书版不到4000块，等到宋真宗在国子监视察藏书时，已升至10余万块。[1] 伴随雕刻技术的成熟，"宋体字"作为一种专门的"刻体"应运而生，其结构方正匀称，使印本的文字更加清晰易读。此外，相比于手抄本普遍存在的抄写错误，刻本极大提升了文献的准确性。同时，雕版印刷技术的成熟与普及还极大提升了书籍生产的速度和书籍流通的广度。生产速度的提升使大部头的类书能够得到批量的生产，进而使类书的数量和内容得到质的提升；流通广度的提升则打破了宋代以前少数精英阶层对类书的垄断，第一次造就了类书向社会中下层转移的契机。

在雕版印刷术不断发展的技术基础上，书籍的排版形式也从一行行毫无间隔转化为以版为单位间隔开来。为了适应这两种趋势，书籍的装帧方式也发生了变化，即从整体性的卷轴装到书页较薄的经折装，再到以版为单位的蝴蝶装，最后发展为卷页数量多、信息容量大的包背装和线装。此外，由于卷轴本被逐渐替代，人们不再用低矮的箱柜来存放文献，取而代之的是较高的"架阁"。与此同时，"架阁"开始被称作专指文献与档案的名词，并衍生了如"架阁库""架阁官"等词汇。[2] 可以看到，宋代雕版印刷术还对文献与档案工作向职业化、专业化的迈进起到了推进作用，这一点也相应地

---

[1] 方芳：《宋代印刷文献研究》，辽宁大学硕士学位论文，2012年。
[2] 赵彦昌：《宋代档案文化述要——以架阁库研究为中心》，《浙江档案》2012年第2期，第18—21页。

推动了类书的组织性生产、流通与管理。

二、媒介文化的变迁奠定类书兴盛的社会条件

从媒介可供性的视角来看，媒介技术的发展进步会给人们提供新的实践条件和可能性，进而改变社会的运转方式。宋代的社会文化结构具有三个基本特点：一是"以文化成天下"的基本国策，二是"不以言罪人"的政治承诺，三是"学而优则仕"的阶层流动体系，在此基础上再叠加雕版印刷的技术效应，士大夫们的主体意识被进一步激活，纷纷加入上书言事、聚徒讲学、著书立说的队伍，进而激发了对文献知识整理、附注与传承的文化自觉。在个人充分发挥主体能动性的同时，官方也积极作为，设置大量的编书机构，引导更多士大夫投身于编书、藏书和刻书，使其以著述、编辑以及刻书为荣。因此，《太平御览》《太平广记》《文苑英华》《册府元龟》具有了充分而丰富的人才条件和组织基础。

在官方类书兴盛发展的同时，民间类书也是一派欣欣向荣的景象。民间类书发展有一个重要背景：王安石变法中，科举考试由诗赋改为经义，导致文学人才锐减和朝廷代言人才短缺。为弥补此状况，朝廷增设并发展了"宏词科""博学宏词科"，以选拔文史广博且擅长辞藻的士子。由于该科考试内容涵盖儒家九经、十七史等内容，考生需大量笔记辅助记忆，但个人难以收集齐全相关典籍。为此，书坊开始大规模出版类书，便于考生查阅备考，满足其广泛的知识需求。除了应付科举考试，人们对公文写作、诗文创作、婚丧嫁娶以及养生保健等各类知识的需求也在不断兴起。为了谋利，书坊刻印了大量类书，《海录碎事》《事林广记》《古今合璧事类备要》《新笺决科古今源流至论》等著名的民间类书都源于当时的刻书中心福建。

第三节 雕版印刷技术对宋代类书的形塑作用

在雕版印刷技术的助推下，书籍的生产效率、出版数量不断提升，流通范围不断扩大。从类书的生产来看，作为知识文

献汇编的类书要面临宋代社会知识文献的爆炸式增长;从类书的传播来看,类书的受众范围不断扩大,逐渐完成了从"高居庙堂"到"身处江湖"的演化。以此为线索,我们可以进一步探索雕版印刷所引发的技术效应到底会对类书产生怎样的影响,类书又将具体发生怎样的变化。

一、知识分类精细化

雕版印刷技术的发展,知识文献的生产效率提升、生产权力下沉,促进了知识文献生产主体的多元化以及生产规模的日益庞大。传统的类书分类标准"天、地、人、事、物"难以有效应对日益庞杂的知识体系,于是,"属辞比事"成为新的分类标准。其中,"属"是"类聚"之意,"辞"指辞目,即事物概念的文字标识,"比"是紧靠之意,"事"指事物,其旨在让零散的文献资料同类相聚、重新组合。[①] 在这一分类标准指导之下,类书的类目设置越加精细,类目体系的容纳能力和专指度也得到空前提高。

二、知识层次下沉化

基于牟利的现实驱动力,书商会敏锐地迎合或制造市场需求。文人雅士和应举之人等精英阶层的市场已然饱和,为了不断扩大市场,书坊自然会选择将市场下沉到普通民众,激活普通民众对类书的需求。于是,适合普通民众阅读的日用类书出现了。到南宋末年,福建建阳就出现了日用类书,将日常生活所需常识以分门别类方式加以刊载,性质如同今日之家庭生活手册,或称家庭生活小百科[②]。典型的日用类书案例包括《居家必用事类全集》《婚礼新编》《养生杂类》《事林广记》等,其特点是图文结合,通俗易懂,切合民用。

三、知识定位垂直化

传统的类书一般都是综合性类书,即汇编的知识范围广泛,

[①] 夏南强:《类书分类体系的发展演变》,《华中师范大学学报(人文社会科学版)》2001年第2期,第130—138页。
[②] 张濯清:《宋元日用类书的类型、编纂特色及其价值》,《中国出版》2016年第16期,第64—66页。

不局限于某类知识。具有代表性的综合性类书就是被誉为"类书之冠"的《太平御览》，就其摘录内容的范围而言，涉及天文、地理、政治、经济、军事、文化，包罗甚广，可称为百科全书式类书。但随着雕版印刷技术的发展，书籍生产规模日益庞大，同时还出现了知识层次下沉化的倾向，使得类书的接受范围不断扩大。加之宋代城市经济的影响，人们参与到城市日益细化的分工中来。不同领域的人们所需的资料更为专一，因此市场对类书的"专业化"需求程度越来越高，市场上出现了更多的专门性类书，如专门应对时务策试的类书《八面锋》，以及专门考证事物起源和沿革的"格物"类书《事物纪原》等。

四、知识结构立体化

随着社会对类书的需求越来越多以及对类书的使用频率越来越高，人们对类书的检索性能以及类书的知识编排体系提出了更高的要求。于是，宋代类书进一步丰富纬目，在经目不断延伸的基础上，经纬交错。所谓经目，即对文献资料表述对象的类分，如天文、律历、地理、选举等；而纬目，则是对摘录的文献资料所属体裁的划分，如传记、典故、格言、奏议等。[①]类书编排体系的创新，使得类书的目录经纬交错，由线条式发展为网络式，还使类书的信息包容量大增，检索性能也空前提高。

结　语

类书在宋代的知识生产与传播中发挥了重要的作用，书促进了中国古代知识文献的积累与传承，发挥了重要的教化功能，有利于实现生产、生活知识的系统化。值得注意的是，由于官方对官修类书的过度束缚，类书逐渐偏离知识传播的轨道，知识生产趋向同质化。同时，雕版印刷技术还影响了类书的演化

---

① 王利伟：《宋代类书研究》，四川大学硕士学位论文，2005年。

方向，使其出现了知识分类精细化、知识层次下沉化、知识定位垂直化以及知识结构立体化的特征。总而言之，雕版印刷技术以及类书共同形塑了宋代的知识社会生态，使宋代成为中国历史上学术兴盛时期之一。

第十章 元画：元代文人画的媒介样态与传播功能

引　言

绘画在中国有着悠久的历史。早在新石器时代，原始人便以最为简单的形式将图像印刻在各种彩陶和岩画之中，如于陕西省西安市出土的半坡人面鱼纹盆、河南省汝州市阎村出土的鹳鱼石斧纹彩陶缸。魏晋南北朝时期，绘画创作出现了艺术的自觉性。[①] 这一时期文人士大夫们对精神生活的追求越来越高，各个文化种类之间互相影响，绘画等媒介载体形式作为表达思想或概念的工具开始为人们所重视。隋唐时期，中国画开始出现分科，逐渐形成了人物、山水、花鸟等不同母题。直至宋朝，中国画达到了艺术史上公认的艺术顶峰。

较之于宋朝的画院体制与工笔绘画，元代的绘画以文人画为代表，以水墨山水为主要内容，蕴含着独到的艺术价值与审美情趣。既往的学者多基于此，从艺术史、艺术理论以及美学等层面进行研究，或对此时期代表画家进行个案考察，或对整体绘画美学思想进行分析，获得了较为丰硕的研究成果。这样的研究视角框定基于对绘画本身谓何的理解，但不免陷入作者、绘画笔法和艺术特征互文的"文本中心主义"的束缚之中。如若把绘画作为一种信息和文化的传播载体，将绘画中蕴藏的媒介性作为连接文人、文人绘画以及社会关系的中介之物，将元代文人画置于媒介史的视域中进行审视，则可以看到，这种独特的媒介样态有其历史语境因素和背后的文化演变机制。

第一节　以画为媒：
元代文人画的媒介形制与图式

一、由绢入纸：元代文人画的材质变化

凡为媒介，则离不开其物质性构成的实体。元代文人画的创作

[①]　王萍：《略论魏晋南北朝的艺术精神》，《兰台世界》2013年第27期，第102—103页。

离不开纸、笔、墨。以纸张为载体,以毛笔蘸染墨水进行绘制,是今人对于中国画创作的认知。但绘画的媒介载体在不同的历史时期,基于不同的社会状况,也会出现历时性偏向。一如最开始的绘画载体是的岩壁、陶器。纸张作为绘画载体,必然是其在社会上广泛使用之后。

第一次使用纸张进行绘画创作的是东吴的曹不兴,他画了《如意轮图》。[1] 在元代之前,无论是书法创作还是绘画创作,通常更倾向于选择绢帛,虽一度使用纸张,但使用数量和规模并不具备优势。依据宋代米芾的《书史》,唐代书法作品用绢者三十七例,用纸者则三十余例。[2] 北宋初年的绢几乎都是单经单纬,纬线粗,经线细。到了北宋中期,纬线和经线差不多一样粗细,至南宋,宫廷才出现一根纬线搭配两根经线的织造方法。以绢帛作为绘画的媒介载体受到宋朝画院体系的影响。相比起易损的纸张,绢帛的载体显然更适于保存,也更符合统治者的审美品位和身份。从这一点来说,此时期绘画本就是一种反映统治者审美趣味的艺术手段。

元代以降,绘画不再是画家入仕的途径,而成为一种自发性的艺术创作。此时的画家需要考虑绘画的成本投入和实际需求,较为昂贵的绢帛逐步让位于更为廉价的纸张。用绢帛作画,多用工笔进行具体刻画。较之绢帛,以楮皮、桑皮等原材料制作的纸张,着墨变化更加丰富,尤其是生纸作画可以产生淋漓浸润的层次感。纸张吸水性的增加迫使画家增加行笔的速度,并促使画家采用焦墨水笔的方式以成块,形成了逐渐流行于元代的"皴笔"。"皴笔"用以表现山石和树皮的纹理,用含墨合宜的毛笔以正锋、逆锋、侧锋勾画各种形态不同的块面。

就物质性构成的层面来说,元代文人画在物质材料上发生的变化,也是促使绘画媒介样态较之以往出现差异的原因之一。纸张的大量使用致使用笔与墨水晕染出现变化,对画家的技法

---

[1] 米芾:《画史》,黄宾虹、邓实编《美术丛书(第二册)》,江苏古籍出版社,1986年,第1199页。
[2] 胡光华、李书琴:《论绘画材质之变与元代山水画观念和技术之变》,《南京艺术学院学报(美术与设计版)》2007年第1期,第20—24页。

提出了书法转向的融合要求，鉴于纸比绢帛更易受墨，增加了干笔皴擦的特殊效果，这种技法本身就能够产生荒凉寂寞之感，辅以单色墨水则更能够凸显出此种技法之下的意境。因而，纸张的使用改变了工笔画一枝独秀的局面，也使得画家更加注重绘画中的由实变虚，以意入画。

二、诗画融合：元代文人画的语图关系图式

苏轼曾言"诗画本一律，天工与清新"。元代文人画有大量题画。据清代陈邦彦奉敕编纂的《御定历代题画诗》统计，唐人题画诗161首，宋人题画诗1014首，元人3533首。而清顾嗣立编《元诗选》三集录入元代诗人339人，19574首诗，其中，题画诗作者208人，计2161首。① 此数据虽未必绝对精准，但依然可以反映出题画诗与绘画融合成为既定趋势。从出现在画面中的位置来看，题画诗可以放置在"引首""画心""诗塘""拖尾"等不同位置。从创作者来看，题画诗的作者有时候会是画家自己，他们在创作绘画之时便同时题上诗歌；有时候则是画家的友人，或其他文人，他们在鉴赏绘画之时进行题诗。

元代文人画与题画诗构成了西方文艺理论中所说的语图叙事的关系，将其置于中国绘画的发展历程来看，这种样态的出现并非偶然。《说文解字》载："文，错画也，象交杂。"用交错的笔画来表现事物，"文"就是对于事物的简化表达方式，所以最开始，"文"也有着记号、花纹的意思，从中可以看到文字和图像本身的本源的共生性，文字在一定程度上也就具有了图像的性质。《周易》载："在天成象，在地成形，变化见矣。"可见，形接近于自然界的万物之形，而象则是日月星辰以及天空中出现的图形，具有某种需要解读和感知的抽象属性。因此，地之形是可以直接触摸的，而天之象则是一种精神层面的感知。这也是我们所谓的"卦象"中的象的由来。

在先秦，图像与文字的互动主要表现为对卦象的解释，以文字来解释具有象征意义的图像，此情景之中，文字本身是主导性的媒介，因为抽象的象依赖于文的解析。汉代出现了插图画，以图像和

---

① 赵利光：《元代绘画题跋的时代性与艺术性》，《中国书法》2021年第9期，第64—79页。

文字在内容上相互依存的形式构成图像和语言间的互补。在创作上，可以先绘图再加上文字，也可以先有文字资料，画工根据文字资料进行图像的绘制。插图画本身更看重图像与绘画之间的叙事性。① 六朝以降，这种图文互动的模式开始由叙事性演化出对文学作品的绘画化。② 如顾恺之的《女史箴图》，在讲述女德故事的同时注重构图的艺术性。而后，唐朝出现了诗意的图画模式，分别为画上提诗、诗意画以及三绝"诗书画"的模式，可以说，从唐代开始，第一次出现了以书法题诗、以诗入画的新型语图互动。宋代开始，进一步出现融合的趋势，诗与书在形式上结合，绘画与书法在笔法技巧上融合，图像与文字在风格上互相呼应。历经了这样的历代发展，元代的题画诗和绘画画面构成的语言图像互动的关系，似乎就变得易于理解了。它并非一种个人天才般的创举，而是一步步传承和演化而来的群体意识。

第二节　借画传意：
元代文人画家群体的身份构建与社会交往

一、士人与画工：文人画创作主体中的双重属性

宋朝开始，绘画类型中逐渐出现了文人画，原本的职业画师开始转变成以文人为主体的画家。这种情况在元代更为常见，元代绘画的主体基本是文人，他们既有文人的身份，又有画家的身份。但文人画的概念并非诞生于宋元时期，而是可上溯至魏晋时期出现的士人画。这一观念的转换，涉及文人与士人间的关系。

"士"的概念本身关乎中国古代官僚制度体系的结构。③《孟子》曰："无恒产而有恒心者，士也。"在封建社会，士没有固定的资产，但是有较高的道德水准。从起源来看，士作为一种

---

① 匡景鹏：《宋元时期文人画中的文象关系研究》，人民出版社，2021年，第68页。
② 陈池瑜：《中国艺术史学的发展历程及基本特征》，《艺术百家》2009年第5期，第101—114页。
③ 孙闻博：《"士大夫""官人百吏"考辨——兼论"吏民"的出现》，《人文杂志》2020年第8期，第71—78页。

社会阶层，原来是低级贵族，后世随着世卿制度的式微，士开始向着文人转变，形成了一种未拥有政治权力，但是拥有一定文化权力的阶层。

另一方面，在宋朝以前，绘画是一种以服务实用性目的为主导的技艺，画家与铁匠、木匠并无区别。居于社会上层地位的文人与社会地位较为低下的画工，本就存在巨大的阶层差异。宋朝画院体系的创建则改变了这样的格局。北宋初期开始设立画院，主要职能是组织画家搜罗和鉴别书法名画。在宋徽宗时期，画院画师们的政治地位和待遇提升，画家以入画院为荣，入画院也成为身份进阶的手段。在南宋时期，画院盛极一时，一度影响东亚的艺术发展。基于此，绘画也成为文人入仕的手段和方法。元代以后，统治者不重视中原文化，废除了画院体系，也就废除了通过绘画入仕的方式。[1] 换句话说，此时期进行绘画创作成为某种精神滋养方式。

二、同源与逐意：元代画坛早期的绘画媒介认知与主导思想

诗意与画意的融合源自媒介本身样态的发展，这种媒介样态的形式又与其创造者密切相关，构成了元代文人画媒介样态的显著特点。而这种传播的融合性基础，则来源于元代画坛早期思想的流变与承袭。

此处不得不提及的便是对于元代画坛影响十分显著的赵孟頫，其对绘画的认知影响了整个元代画坛的文人画走向。[2] 生于南宋末年的赵孟頫，其祖上三代皆为朝廷官员。在元朝建立后，赵孟頫入仕为官，升至从二品集贤侍读学士。作为元代画坛的早期代表人物，他在绘画技法上对后来的黄公望、王蒙、倪瓒等元四家带来巨大影响。

赵孟頫在《秀石毓林图》中写下题画诗"石如飞白木如籀，写竹还应八法通。若也有人能会此，方知书画本来同"[3]。这首诗表达

---

[1] 张玉春：《元代宫廷院体绘画衰落探因》，《美术研究》2004年第4期，第98—101页。
[2] 邓乔彬、李杰荣：《赵孟頫与元四家之变》，《东南大学学报（哲学社会科学版）》2010年第6期，第82—88页。
[3] 郑煜川：《从赵孟頫绘画作品谈"以书入画"》，《中国书法》2017年第14期。

的是他对于绘画技法的认知,也是其书画同源理论的来源。他认为书法和绘画是同根生,在创作上本就是交融的。因此,从表现方面来看,书法和绘画具备共同的审美意趣。从这个层面来说,题画诗与绘画的互动,是依托于媒介样态的融合而实现的语言与图像之间的文象互动。从某种层面来说,书画同源的思想使得元代绘画在诗画融合的媒介样态上进一步发展。援书入画,树立语词和图像转换的"跨界坐标",促使中国绘画由客观再现转向主观表现,变实为虚[1],进而实现了绘画中的写意性追逐。

此外,赵孟頫还提出古意说的绘画理论。他认为"作画贵有古意,若无古意,虽工无益",即绘画本身需要有古意,如果丧失了古意,则绘画即使再工整细致,也不是良品。对古意准确的时代分期,学界尚无定论,[2] 但从中可以看出赵孟頫对于宋代工笔画的排斥。因此,这种古意应至少往上追溯到唐朝乃至更早以前的艺术风格。这种对于古意的追求,影响了元代文人的绘画技法和艺术走向,是一种基于现实的文化批判与映射。

三、认同与交往:元代文人画的传播功能与群体面相

媒介的功能和影响不仅来源于媒介本身,也来源于人们对此种媒介的倾向和偏好。因此,特定的媒介认知方式也能够影响媒介自身的功能。借由这种语言和图像融合的媒介认知,文人画家实现了对于自身境遇和社会关系的传播,换句话说,文人画是此时期文人群体之间交流沟通、建构自我、表达情感、实现社会化的主流媒介渠道。观照元代画坛中的代表性人物便可窥视到文人画的此种传播功能。

明代董其昌在《容台别集·画旨》中,将黄公望、王蒙、倪瓒、吴镇四人称为元代绘画四家。他们是元代山水画风的代表人物,把中国山水画的抒情写意性发挥到了极致,在他们的作品中,逸格画品得到最纯粹的体现。[3] 在绘画的技法上,他们

---

[1] 洪再新:《援书入画变实为虚——元代书画题跋和艺术通史》,《中国书法》2021年第10期。
[2] 赵盼超:《元代画学研究》,中央民族大学出版社,2014年,第21页。
[3] 吕少卿:《论元四家绘画美学思想》,《艺术百家》2004年第4期,第73—75页。

都受到过赵孟頫的影响，进而可能在不同层次上接纳了赵孟頫古意和书画同源的媒介认知。另外，从四人的生平经历来看，同为汉人的他们也都曾有过隐居的经历。黄公望本是全真教道士，别号大痴道人，以算命为业。吴镇号梅花道人，一生贫寒，早年在私塾教书，后研习"天人性命之学"，隐居，以卖卜为生。赵孟頫的外甥王蒙则曾经隐居于卞山之下，其好友倪瓒家境富裕，但元顺帝初期散尽家财，后半生浪迹于太湖一带。

元四家的生平经历反映出元代文人群体被朝廷排挤的普遍现象。他们无法入仕为官，只能寄情于山水之间，而文人画则成了他们抒发情感的最佳媒介渠道，它承载着文人群体内心深处的表达。

吴镇曾经在其《仿荆浩渔父图》中撰写题画诗："洞庭湖上晚风生。风触湖心一叶横。兰棹稳，草衣轻。只钓鲈鱼不钓名。"黄公望也曾在《富春山居图》上自提"兴之所至，不觉亹亹布置如许，逐旋填札，阅三四载未得完备，盖因留在山中，而云游在外故尔"。从这些自题的题画诗中可以看出，淡泊名利是文人一致的形象，也是他们借以实现内心自我建构的依托。换句话说，以文人画为媒介载体，文人内心的情绪得以抒发，内心的矛盾得到了合理与正当的处理。

同时，文人画还在一定程度上促进题画者和画家之间的交往，这种交往建构起文人群体之间的社会关系。倪瓒曾经给好友王蒙的绘画题过题画诗，评价其"王侯笔力能扛鼎，五百年来无此君"，并总结其绘画"润秀清新，深邃繁密"。明代初期，就是否要入仕的问题，倪瓒亦通过题画诗表达过对于好友王蒙的劝解："野饭鱼羹何处无，不将身作系官奴。陶朱范蠡逃名姓，那似烟波一钓徒。"他希望王蒙能够学习范蠡隐居世外，不闻朝政之事。王蒙未听取劝解，入仕后受到胡惟庸案的牵连而惨死。

第三节 文画传承：
元代文人画中的意象传承与文化传播

一、桃花源意象：元代文人画中的意及其生成机制

元代文人画以自然山水承载文人群体的情感表达，用人与自然的关系代替人与社会现实的关系，进而实现自身身份认同和群体交往的传播功能。顺应自然、与自然和谐相处的理念始终是中国传统文化的一部分，这并非仅仅出现在元代。

《道德经》云："天之道，其犹张弓与；高者抑之，下者举之。有余者损之，不足者补之。"老子将天道比作拉弓，过度就会有损，而不足则会有补，以此来说明人与自然应该和谐相处。在宋代兴起的新儒学思想之中，朱熹、周敦颐等把"太和"的观念作为儒家整体性的价值理想，也讲求人道和天道之间的和谐。[1] 他们认为圣人、贤人、士人虽有不同，但追求的主旨都是完满实现自身的道德价值，从而达到一种宁静闲适、超然物外的精神境界。

出仕与入仕是这种机制的一体两面。元代统治者对于汉族文人的排斥打破了这一机制中的微妙平衡，寄情于山林也就变成了失意文人自然而然的选择。

在中国文化中，隐逸山林的意象可以追溯到魏晋时期的"桃花源"。陶渊明作为隐居山林的文人代表，借《桃花源记》呈现出一个理想化的世界图景：误入世外桃源的渔人，不知世俗外界的村落，落英缤纷，有良田、美池、桑竹之属……这些都构成了对于后世文人隐居想象的典型范本。[2]

因此，元代文人画借由"桃花源"式的理想图景来进行情感表达。这种对于美好山水以及人们理想生活方式和生活图景

---

[1] 宋锡同、沈艳华：《天道与人道的贯通——从周敦颐的易学观看宋明理学的逻辑起点》，《山东理工大学学报（社会科学版）》2004年第1期，第63—66页。
[2] 石守谦：《移动的桃花源——东亚世界中的山水画》，生活·读书·新知三联书店，2015年，第32页。

的呈现,并非对自然本真性的呈现,而是一种文化想象。桃花源本身就是一种隐喻:美好山水、无涉政治、隐居与超脱凡世,一种绝对自由的神圣景象的追寻。这契合元代文人群体的文化心态,也因此生成了文人画在追逐写意过程中的母题式文化意象。

二、文化的隐喻:元代文人画在文化传播层面的隐性功能

元代文人画赋予了中国绘画艺术以新的活力,绘画与书法艺术性的交融、对写意的重视使得元代文人画形成一种独特的艺术形式。但从媒介史的视角来看,历史语境塑造媒介样态的特殊性以及文化在媒介意义上的传承,则让元代文人画在文化传播的层面显示出与在传统艺术史认知中较为不同的隐性功能,或者说,我们可以把这样的功能看作文人画这一媒介载体所带来。

一如前文所述,元朝统治者并不重视汉文化,在建国之初统治者甚至将良田改成牧场,把农民改成奴隶。[1] 文人群体以文人画为媒介的自觉文化践行,成为某种抵抗统治者轻视华夏文化的方式,诗书画融合的媒介样态继而赋予了文人画在文化传承意义上的独特功能,为元代文化带来了繁兴。这也许正是媒介之于文化传承的意义。从这个意义来说,元代文人画就是文化传承的媒介载体,借由其在文化传播层面对于文化延续性的隐性功能的实现,华夏文明的脉络能够不断地历经历史的演化与流传。一言以蔽之,文化的传承是文明延续的天然保障,它蕴于集体对媒介的运用之中,为我们带来了丰富的历史面相。

---

[1]　陈文璟:《元代绘画十讲》,中信出版社,2017年,第5页。

第十一章

明印：明印在文人交往中的文化传播功能

引 言

许慎《说文解字》载："印，执政所持信也。"印章最初的功能是作为个人信用的凭证，随着朝代更迭，印章发展为官印、私印等不同类型，但无论如何变化，用作凭信依然是印章的基础功能。学界主要从人、物、艺术与考古几个角度研究印章，其中人是指刻印的印人、文人等群体间的交流与互动；物是印章本身的起源、特征与发展内容；艺术领域的研究主要集中在书法与篆刻角度，进而讨论篆刻水平和书法的互相影响；考古学则根据出土印章封泥推测相关历史，包括当时的区域规划与制度、社会经济等，也有研究根据印章验证墓主身份，推测所在时代的宗教、艺术、官职制度、军队建制、风俗、经济文化甚至书法演变等内容。

明代印章得到了较明显和繁荣的发展，闲章与边款逐渐成为文人雅集中的一部分。闲章的种类繁多，包含座右铭、书画文字等，主要充当社会人际交往的重要媒介。本文聚焦以下几个研究问题：为何闲章与边款篆刻在明朝出现巅峰，此时的明印具有怎样的物质特征？明印作为一种媒介产生了怎样的文化与传播意义？明代士人阶层围绕印章产生了怎样的交际互动与交往空间？

第一节　闲章：文人书画中的明印

文人士大夫是明代印章的庞大使用群体，他们使用的印章具有鲜明的个人特色。在明代，印章不仅是身份符号的象征，也是书画作品证实或证伪的重要工具。而闲章不只具有示信作用，还成为文人雅趣的一部分。闲章的钤印与书画内容共同构成一个完整的作品，见证艺术鉴赏风格的不断流变过程。

一、证实或证伪：作为身份符号的明印

印章起源于春秋战国，最初的功能是物勒工名与征信，具有较强的实用功能。无论是蔡邕的"印者，信也"，还是《后汉书》中的"始有印玺，以检奸萌"，都指向了印章的主要功能，也即证实或证伪。繁

盛于元代的花押印即元押，起到的就是典型的印章取信功能。花押是个人姓名稍作处理后的个人私印，或为模糊或为连笔潦草的个人签名，具有较强的任意性，同时也因为具有明显特征而令人难以模仿，成为一种关于个人形象的印章，因此也通常作为取信的凭证。

明人李日华曾表明"近日苏人书画舫，满载系为恶物"①，明代仿造书画的习气较盛，一些稍有绘画才能的文人因为生活所迫甚至助长这种风气，"骨董自来多赝，而吴中尤甚，文士皆借以糊口"②，这种情形下作为个人信用符号的印章就起到了防伪的作用，这是因为"画可摹，书可临而不可摹，惟印不可伪作，作者必异"（米芾《画史》），明代闲章是文人与书画家的个人身份象征，盖章越多就越难以作伪，在印章的层层加盖中实现了书画作品的证实或证伪。

此外，印如其人也是明印示信的另一体现。"隐士家印，如泉石吐霞，林花吸露；文人家印，如屈注天潢，倒流沧海；游侠家印，如吴钩带雪，胡马流星……贫士家印，如三径孤松，五湖片月；鉴赏家印，如骊龙吐珠，冯夷击节。"（《印说》）不同身份地位的文人士大夫的印章风格呈现出各自的鲜明特色，闲章在明时显然已经成为士人身份符号的象征。

二、尚古与尚意：书画与闲章衍生的文人审美

闲章一般是指除了姓名字号、斋堂馆阁等的用于正式征信的官印与私印，那些印有格言警句、诗词吉语和雅号风格等的印章。学界认为闲章的产生来源于对印章的收藏，"前代御府，自晋宋至周隋，收聚图书，皆未行印一记"（张彦远《历代名画记》），可见在隋唐以前还未形成藏印风气，但唐朝以降，收藏家们开始在藏品上盖以印章，此时的藏品与印章呼应相合，随着时代发展，实用型印章转为鉴藏型印章的时候，也额外衍生了许多艺术需求。

---

① 李日华，《味水轩日记》，上海远东出版社，1996年。
② 沈德符：《万历野获编》卷二十六《玩具》"假骨董"条，上海古籍出版社，第552页。

直至明代，闲章已经与书画作品形成难以分离的关系。文人作画后不仅会进行题款，还需要钤印，也就是说闲章在明代文人的书画作品中已经成为必不可少的一部分。闲章作为书画的一部分，自然需要与书画本身构成和谐的艺术审美，因此闲章本身也具备审美与鉴赏功能。有研究表明，明朝万历年后的书画作品中通常会选择盖两方印章，分别是作者自己的斋名雅号以及姓名印，而以两方印章填补空间的做法逐渐成为立轴书法的标准样式①。这表明，随着文人书画与闲章的发展，审美趣味越来越精细化，从书画的整体视觉出发，关注闲章与书画的协调程度，无论是构图还是色彩，闲章作为审美关键点融入了文人书画艺术。

最初的明代闲章风格是"尚古"，这是自元代以来"印宗秦汉"思想的延续，各大印谱中收集的前人印章成为明代篆刻家们临摹的标本，无论是审美理念还是创作方式都表现出对秦汉印章的推崇。明代后期印坛流行"尚意"风格，也就是"以会意通神为核心、入古出新为方法、避俗求雅为目的的一种时代审美潮流"②。这是因为，一方面，明代中后期的社会大背景发生变化，商品经济进一步发展，已经远离了明代初期那种较保守的风格；另一方面，佛学禅宗的思想与学术风气演变共同促进了这种与复古传统背离、解放自然天性的思想，反映在艺术作品上就是对古法与传统的批判与反思。闲章作为承托文人情感的媒介，成为文人们释放个性抒发胸怀的媒介，因而闲章与书画相配合，共同呈现了笔意天趣的艺术审美。

从个人信用凭证到闲章的审美鉴赏，明代印章实现了实用型到鉴赏型的功能转变，继而也开启了印章繁荣发展的新局面。

第二节　边款：明印的文化传播实践

元朝以降，印章的材料越来越多使用石材（因其方便易得），继而篆刻艺术成为文人群体中的关注点，甚至出现了流派纷呈的局面，随着篆刻与印章的繁荣发展，原本只是标记年号的边款也被利用起来，以丰富的内容提供了大量的文化传播内容。

---

① 王维：《万历年间江南地区文人生活中的篆刻世界》，南京艺术学院，2017 年。
② 蔡显良：《论明代后期印学的尚意思想》，《书画艺术》2004 年第 2 期，第 30—31 页。

一、石材篆刻：流派纷呈的印章艺术

古时印章多使用铜来雕刻，元末著名画家、篆刻家王冕首次尝试使用花乳石雕刻，开了石刻印章的先河。之后石材由于易篆刻、易携带且价格低廉，成为文人进行艺术印章创作的主要材料。明代时，印章的材质已经普遍为石材。由于江南地区商品经济的发展，这里聚集了大量士人与商人，明代江南地区的文人用印尤其繁盛，而在明代中后期更是形成了印人云集的效应，丰富的材质和精美的雕工体现了明代文人阶层对于印章形质的审美要求在不断提高，并逐渐形成赏玩印章的优雅风气。[1]

石材的普及使得在印章上刻制内容变得大有可为，篆刻艺术作为印章好坏的直观体现，篆刻的构图、色彩、刀法与边框都成为篆刻艺术关注的重点。明代杨士修《印母》曰："刀笔在手，观则在心。情者，对貌而言也。所谓神也，非印有神，神在人也。人无神，则印亦无神。"[2] 表达了篆刻刀法与人的精气神之间的关系，显然在当时明人对篆刻艺术已经产生了理论层面的探讨。如前所述，明代印章有尚古与崇尚自然天趣的审美倾向，篆刻也是如此。明代万历年间《印说》描述"吾家伯叔昆季中，多好印，能鉴赏。吾识赵君、陈君、徐君二三友生俱好刻印，能鉴赏，古书须是好装订，古画古帖须得好裱背，古印须得好珍藏"[3]，文人们普遍对古印进行鉴赏珍藏，后有专门收集了古代印章的图书《集古印谱》《学山堂印谱》等出版，使得篆刻艺术逐渐走向昌盛。

明代中期，印坛出现了许多篆刻理论家与篆刻流派。其中文徵明、文彭父子与何震等篆刻家是主要代表，"至文氏父子，刻印卓然成家，与书画并立于艺术之林，成为文人治学之余事"[4]；何震开启的"雪渔派"一改文彭的秀雅之气，带有以单

---

[1] 朱琪：《新出土明代文人印章及其艺术特征综论》，《中国国家博物馆馆刊》2018年第9期，第78—101页。
[2] 杨士修：《印母》，赵诒琛：《艺海一勺》，上海书店出版社，1987年，第144页。
[3] 周应愿《印说·好事》，明万历刻本，现藏常熟图书馆。陈国成先生在其著作《元明印论研究》亦有全文收录。
[4] 马衡：《谈刻印》，《凡将斋金石丛稿》，中华书局，1977年，第301页。

刀刻款完成印章的"猛利"之气。明代印坛远不止文何,还产生了"泗水派""娄东派"等风格各异的篆刻流派,足以证明以篆刻艺术为依托的印章已经成为文人雅玩的一部分。

二、微型碑刻:边款的文化传播功能

印章中的篆刻艺术除了底部的印面,还包含印侧与印背的边款内容。边款最初只是官印中用来记录制作年号与编号,也就是起到物勒工名的作用,但在印章与篆刻艺术的发展中包含的内容信息也越来越丰富,因而也有人将边款称为"微型碑刻"。

与闲章底面类似,边款可以雕刻作者的姓名字号与吉语警句,甚至刻画花草树木,除此之外,边款还包含刻印的时间地点缘由、篆刻的技法等基础内容,以及古人诗句、自创诗句、友人对话、诗人小传、前人作品评述[1]。根据边款可以考据史实,以补史志之缺漏,宋代"宗文阁"是皇子讲读之地,因一时权置,无官属,相关内容在史志中很难看到,但一方宋代的诸侯王印侧款却有"皇宋宝佑,敕下宗文阁造"之记载[2]。

从边款当中还可以窥见文人之间的友谊,明代流行文人互赠印章,边款上除了自己的落款还会篆刻对友人的赞赏等。此外,边款也会包含印人身份、印学理论以及当时的社会风俗,使得研究者可以从图画造型、篆刻技术、诗词章法等多个角度去鉴赏。从这个角度来看,边款承担了文化传播的功能,包含大量的信息内容与艺术观念,呈现出鲜活的历史文化,又由于明代石印本身的物质特性,这种信息甚至可以跨越时空传递。

第三节 以印为媒:围绕明印展开的文人交往

前文讨论了明代印章的征信、审美与文化传播功能,而印章本身作为一种可移动的媒介还具有重要的交往功能,包含印人与文人、

---

[1] 卢康华:《"微型碑刻":明清以来印章边款的文学性及文学史料价值探讨》,《文学与文化》2013年第4期,第87—99页。
[2] 丁正:《略论印章边款的审美价值和学术价值》,《佛山大学学报》1996年第1期,第102—107页。

文人与文人的交往。这种交往不仅是当时社会发展状况的缩影，也能够反映明代文人的交往价值观。

一、印工与印人：刻印者的身份地位提升

先秦时期制作印章的人被称为印工，《吕氏春秋》中有"物勒工名，以考其诚"之记载，以考其诚揭示了一种不对等的上下级关系。《礼记》中记载："凡执技以事上者，祝、史、射、御、医、卜及百工。凡执技以事上者，不贰事，不移官，出乡不与士齿。"[①] 可见当时印工的身份地位较为低微，难以与士人相提并论。

明代中期，社会上对待印章制作人的身份认知逐渐发生转变。尤其明代中后期，由于科举制度的改革，入仕途径开始收紧，而商品经济的发展与资本主义的萌芽使得士人们开始寻找读书以外的出路。有文人对此痛心疾首道："近取士之额日隘，士无阶梯者不得不去而工艺，故工书画、图章、词赋者日益众。嗟夫，此皆聪明颖异之士，世所号，有用才也，不遇于时，仅以艺见，孰使之然哉？亦足悲矣。"[②] 但当时社会上更普遍接受这种身份的转变，明人张岱认为以前的漆工、铜工、制作玉器的人等属于低贱的身份，但江南一带有许多著名的漆工、铜工等都以此起家，甚至与众缙绅平起平坐，所以"则天下何物不足以贵人，特人自贱之耳"。[③]

与张岱一样秉持这种看法的文人不在少数，尤其晚明资本主义萌芽，社会盛行奢靡之风，对金钱与技艺的看法早与明初不同，印工此时被称为印人，拥有与文人一样的社会地位，不仅同属于艺术家行列，并且还能够拥有杰出的成就，刻印者的身份地位得到了大幅度提升。

---

① 《礼记》卷三《王制第五》陈澔注，上海古籍出版社1987年据清代英殿本影印，第76页。
② 周亮工撰，印晓峰点校：《书林晋白印谱前》，《赖古堂印人传》卷三，华东师范大学出版社，2009年，第55页。
③ 张岱：《陶庵梦忆》，世界书局，1936年，第38页。

二、文人与印人的社会资本流通

明代出现了一些知名印人,其中文徵明是著名的文学家与书画家,文徵明与文彭两父子的刻印风格自成一派,不仅赋予了印章艺术新的内涵,也将刻印提升至与书画同样的地位。当时文人治学之余也开始通过篆刻与玩石弄刀,完成文人"自我形象"的塑造,和宴游吟唱、写字作画一样,篆刻成为文人自我修养的组成部分[1],文人进行宴会、宴集的社交活动时,印章自然也充当了娱乐与鉴赏的重要媒介。

随着文人对篆刻的需求提升,对印章的审美意识也有所提升,在参与篆刻的过程中,有时文人自己刻印,有时也向知名的印人请教等,因而文人与印人之间逐渐产生了交往与合作,这个过程也提升了印人的文化修养和社会地位。此外,印人与官员的交往有时也能提升印人刻印技术的知名度,在这种广泛交游中达到社会资本流通。

三、围绕印章展开的文人交际

以印为媒展开的交际活动范围是广泛的,例如前文提到的文人与印人的协作交往,还有文人与文人、文人与商人、文人与权贵等各个阶层的合作。如明代印人方用彬就是弃儒从商的代表,他既做文房生意,也是印人,与各阶层人士都有交游。《四友斋丛说》中记载"晚明社会时,昔日逐末之人尚少,今去农而改业工商者,三倍于前矣"[2],社会环境的改变拓宽了文人社会交际空间与交往圈子。

明代篆刻家汪辉在给友人的信札中显示:"弟感足下知己,敢留玉印一方作足下表德,为足下配之。它日相思。"[3] 文人之间互相赠印,印不仅成为个人情感的寄托品,也是增进文人关系的重要媒介。此外,众多印谱中都记录有大量的文人为友人所作的序言与题跋等

---

[1] 朱天曙:《明末清初印人身份的变迁及其背景初探》,《西泠艺丛》2016 年第 3 期,第 62—69 页。
[2] 何良俊:《四友斋丛说》卷十三,万历七年(1579)重刻本。
[3] 陈智超:《明代徽州方氏亲友手札七百通考释》,安徽大学出版社,2001 年,第 469 页。

内容，如黄姬水在《顾氏集古印章序》中曾讲到顾氏集古印谱的辑录"得古印章凡若千有奇，玉刻金镂，蛇文蛟彩，灿然充笥。乃辨制析文，俾登诸册，名曰《集古印章》"。① 这种互相赞赏与溢美之词表达了文人之间的友好交际和互动。

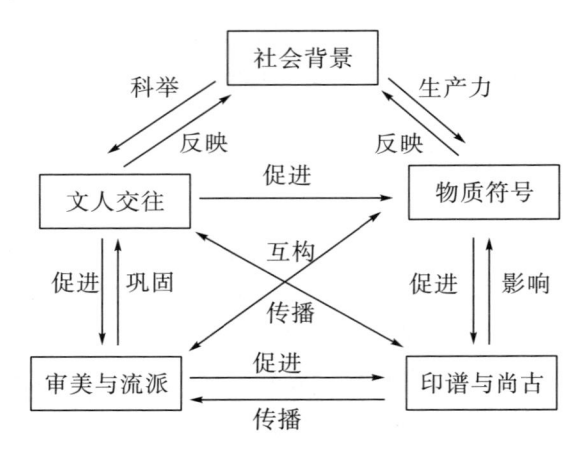

图 10—1　文人围绕明印展开的社会交往及影响因素

明代万历年后，士人讲学会、诗文社等结盟结社的风气盛行，有学者将明代的文人团体分为三种类型，分别为兴趣型、主张型和政治型。② 从以印章为媒的社会交往可以看出，明代文人除了以印寄情，也会有加强社会人际联系，拓展交际圈子的根本诉求，最终达到提高自身的身份地位与名气的目的，呈现出一种基于身份认同的利益关系诉求。

结　语

明代是印章发展的巅峰，此时的印章以闲章与边款为典型代表。证实或证伪是印章最初的实用功能，在不断的发展中，明印中的闲章成为文人书画中不可或缺的一部分，在构图、色彩、印文内容上补充了书画的意境与韵味，开始具备艺术鉴赏功能。而文人对闲章的审美经历了从复古到尚意的观念转变。

---

① 郁重今：《历代印谱序跋汇编》，西泠印社出版社，2008年，第9页。
② 袁行霈主编：《中国文学史》第4卷，高等教育出版社，1999年，第18—19页。

边款不仅在鉴赏风格上开启了流派纷呈的篆刻流派，也承载了大量信息，这体现了印章的收藏功能。此外，印章还有社会交往功能。印人社会身份地位的提升使得篆刻处于与书画一样的艺术地位，石料的普及为文人刻印提供了更多可能性，在围绕印章展开社会交往时，文人、印人与官员不仅在印章艺术层面进行交流，同时也能拓宽自己的社会资本。明代以印为媒的文人交往体现了一种被主流意识形态以及社会风气影响的时代特征，物质形式与艺术鉴赏的不断发展以及当时的社会环境共同塑造了这种交往环境，也就是说，明代独特的社会风尚形塑了印章衍生的各种文化传播实践，同时也建构出明代文人交往的独特风骨。

第十二章 清瓷：中外文化风尚交流互鉴

引 言

18世纪初期，中外贸易商品从香料拓展至茶叶、纺织品、银器和瓷器。贸易初期，瓷器仅作为附带产品，只占东印度公司货物总额的6%或更少。但是在随后的两个世纪，中国外销瓷的数量激增，在西方引发了"中国狂热（Chinamania）"，仅中英两国的瓷器贸易就达3亿件。中外瓷器贸易的热潮见证了东方对西方文化艺术和审美趣味的持久影响，并促使欧洲瓷厂大量仿制中国瓷器，中外瓷器贸易逐步带动世界瓷业的发展。随着中外瓷器贸易的不断发展，大量外国商人逐渐进入外销瓷市场，开始直接从中国订购特殊设计的瓷器（即定制瓷），定制瓷的出现进一步推动了中西方文化风尚的交流互动。

清代外销瓷具有丰富的文化艺术内涵，促进了中西方的物质文明交流、精神文明互鉴和制度文明共鸣。随着大量外销瓷进入西方市场，物的表达进一步丰富，从权力财富的象征、宗教文化的载体逐渐向大众生活普及，外销瓷开始分化为陈设器和实用器两类。就工匠的精神而言，外销瓷纹饰蕴含着丰富的东方文化和艺术风格，推动了包括儒家文化、忠君报国等意识形态和"留白""天人合一"等为代表的艺术风格以及精益求精的工匠精神向西方的传播，同时，定制瓷的出现也促进了西方文化思潮传入中国，对个性自由的追求、浓烈的宗教思想、实用的造物精神、海洋文明等典型西方文明通过瓷器与中华文明进行对话。从制度的体现来说，外销瓷成为西方各国崇尚文明、炫耀地位的标志，反映了西方专制主义与中方传统专制文化一定程度上的共鸣。

现有外销瓷相关研究集中在华瓷外销的兴衰发展和基本特征、外销瓷蕴含的西方社会样态和观念形态、外销瓷的文化输出及其对西方社会生活和意识形态的影响、外销瓷对中西方文化艺术和审美意蕴交流互动的影响四个方面。然而，关于外销瓷对中外文化风尚交流互鉴的作用，尚未有研究从实证角度深入解读全球贸易和器物交往下中外文化风尚的互动情况。基于以上概况，本章以美国纽约大都会艺术博物馆藏清代外销瓷为研究对象，该博物馆藏瓷器大多由家族成员代代相传，体现了中西方在外销瓷贸易下的文化互动。具体而言，本章运用内容分析法，通过梳理提炼文本关键词、总结单件外销瓷艺术风格特色、使用 Gephi 软件绘制关键词共现图，实证探究清代这一特定历史时期中外文化风尚交流互鉴的结果。并进一步根据外销瓷所销往国家，对比欧洲、美洲和亚洲三个不同文化背景下中外文化风尚交流互鉴的差异，以期填补现有研究空白，为全球化背景下中华文化与各国文化交流互鉴提供理论和实践启示。

第一节　清代外销瓷的发展与衰落

一、华瓷外销的兴盛与高潮

华瓷贸易的高峰是在明中期至清中期，在这一历史时期，中国陶瓷在世界市场占据着决定性的竞争优势地位。随着历代统治者的重视和对外贸易的发展，景德镇制瓷业发展至巅峰，在清雍正朝尤为兴盛。

清代瓷器外销的形式包括两种，一种是官窑瓷的赐赠，一种是民窑瓷的贸易。主要贸易航线分别辐射东亚的朝鲜、日本等国，以及西亚和欧洲的英国、荷兰、法国、瑞典等国。

二、华瓷产业的衰落与萎缩

18世纪末期，中国瓷器出口的黄金时代结束，欧洲国家逐渐退出中国瓷器的国际贸易市场。19世纪，中国瓷器的主要出口对象仅有美国，道光末年，美国停止了大规模的中国瓷器进口。随着出口的减少，中国的瓷器业进一步萎缩。

究其原因，学者们主要从中国瓷器制造质量和产量下降、日本和欧洲瓷器制造业的发展和竞争、欧洲社会审美风尚转变以及贩运华瓷利润的压缩等方面进行解释。鸦片战争之后，中国在对外贸易中陷入被动，西方列强大量夺取中国的原材料并向中国倾销商品。

第二节 清代外销瓷的文化维度剖析

一、物质符号体系

结合现有文献资料等,笔者将清代外销瓷的物质符号体系总结为釉色和工艺两方面,总结了现有记载的清代外销瓷的各类釉色和不同工艺,从物质层面揭示出中外文化交流互鉴情况(见表11-1)。

表11-1 清代外销瓷的物质符号体系

物质符号	实例
釉色	青花、金彩、墨彩、珐琅彩、五彩、粉彩
工艺	克拉克瓷(中国传统纹饰,融合西方元素)、广州金彩瓷(素瓷坯彩绘,色彩浓烈)、来样定烧瓷器(定制瓷)、纹章瓷(绘制特定纹章,具有明显的政治意义)、洋料东用瓷(珐琅彩、粉彩等)、仿金属器瓷

二、精神价值体系

纹饰传达了丰富的文化艺术内容,定制瓷的出现促进了中西方文化艺术通过纹饰进行交流互动,器型体现了两种文明对话时不同的造物观的碰撞。具体内容见表11-2。

表11-2 清代外销瓷的纹饰和器型

纹饰	中华文化纹饰	花鸟、人文景色、自然景色、乡居日常生活、民俗文化、人物、文人雅趣、吉祥文字、博古图、儒家文化
	西方定制纹饰	宗教纹饰、政治题材、贵族阶层肖像、航海主题、仕女题材、西方田园题材、神话纹饰、企业家精神、美国民族主义
器型	传统器型	碗、盘、托盏、杯、茶壶、瓶、花觚、罐、花浇
	改造器型	宗教用具(军持)、装饰实用(增加把手、壶嘴等)、镶嵌金银附件

三、行为的制度体系

1. 生产

外销瓷分为官窑瓷和民窑瓷，清代"官窑民烧"管理更加严格、深入和有效，御窑厂主体结构一直存在，受内务府和地方官府管辖。康熙时期的五彩瓷瓶和青花瓷器均以民窑瓷的成就更为突出。

造型方面，官窑瓷的造型较为固定，民窑瓷的造型则比较多样，且器物较大，包括形如棒槌的"棒槌瓶"，瓶腹鼓圆如油锤形的"油锤瓶"，口侈颈短、肩宽、自肩以下逐渐下敛的"观音尊"以及"凤尾尊""象腿尊"等。

图案方面，官窑的图案题材相对有限且保守，主要为花卉、梅鹊、古代仕女以及常见的人物故事图。民窑瓷除传统纹样外，大量采用以戏曲、小说为题材的人物故事画，包括《西厢记》《水浒传》《三国演义》《说岳全传》中的各种题材以及萧何月下追韩信、钱塘梦等，相关题材源自明代以来带有版画的戏曲剧本。

风格方面，官窑瓷画风精美，代表统治阶级的主流审美倾向；而民窑瓷画风奇诡，多画怪兽老树，用笔恣肆。

2. 使用

官窑瓷主要是赐赠出国，而民窑瓷主要是贸易，即朝贡贸易和一般贸易。

官窑具有严明的等级制度和使用要求。其中特定釉色（黄色）、工艺（镂空）、纹饰（五爪龙）仅可供皇帝赏玩，御制窑所产瓷器仅可供皇家使用，不做外销用途。相比于官窑，民窑所产外销瓷用途更为广泛且接近大众生活，石湾窑产出外销瓷的用途包括茶叶包装、储藏衣物、酿酒、埋葬婴孩尸体等，同时也有体现民俗文化的石湾美术陶瓷（别称"石湾公仔"）和建筑陶件，体现了民窑的创新和发展。

3. 制度文明共鸣

一是体现了专制主义。收藏、展示中国瓷器成为各国皇室贵族崇尚文明、追求高雅乃至炫示国力的象征。西方官员和贵族阶级在较大程度上垄断了大量精美华瓷，在宫殿和寓所进行陈设，体现了西方专制主义与中方传统专制文化一定程度上的共鸣。

二是体现了阶级文化。外销瓷蕴含阶级意味的图像符号促使意识形态的公共化，官窑主要传达和维护皇帝的思想文化和审美旨趣，民窑覆盖各个阶层的思想文化和审美旨趣。陶瓷的美学和物质价值成为西方贵族阶层地位和财富的标志；文人雅趣等内容塑造有知阶层的礼仪制度（君子形象）和审美旨趣；实用性和美好生活愿景促成了平民阶层丰富的日常生活方式和理想需求。

四、案例分析

1. 研究方法

下文使用内容分析法研究各国收藏典型清代外销瓷的客观描述文本。具体而言，笔者主要梳理提炼文本中的关键词，接着使用软件绘制关键词共现图，揭示关键词在文本中的内在联系。具体操作步骤为：首先，梳理文本内容，提炼关键词，并间隔一周进行二次梳理提炼，保证提炼关键词的准确性和代表性；接着，合并同类关键词，例如 derive、copy、replicate 均表示中国匠人基于现有器型或绘画样式生产外销瓷，将该类词统一合并为 derive，表示纹章的关键词均合并为 coat of arms，最终经筛选、合并后的关键词共计 742 个；最后，使用 Gephi 软件可视化共词分析的结果。

2. 数据来源

研究数据来源于纽约大都会艺术博物馆的清代外销瓷展览汇编本，该汇编本收录了风靡欧美两个市场的典型清代外销瓷。外销瓷被公认为揭示该时期下中国与欧美两州文化风尚交流互鉴的重要载体。

3. 文本分析

从时间层面来看，欧美各国收藏的清代外销瓷数量呈波动式变化，发展高峰是 18 世纪后半叶至 19 世纪初期。该趋势与清代中外瓷器贸易阶段相符，该时期美洲市场接替欧洲市场成为清代外销瓷主要海外市场，外销瓷数量持续上升。这也进一步印证了本章中的样本数据的典型性和代表性。

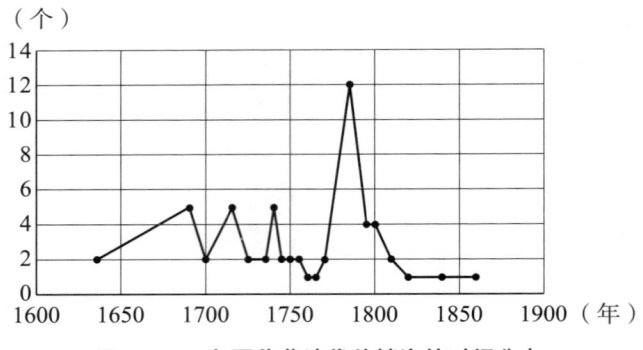

图 12-1　各国收藏清代外销瓷的时间分布

就器型而言，欧美各国收藏的清代外销瓷陈设器以盘子为主，实用器多为成套餐桌摆件。从物质层面来看，这在一定程度上印证了欧美各国将外销瓷作为权力财富的象征，购置的外销瓷大都用于展览、室内装饰等；从精神层面来看，大量成套餐桌摆件揭示了西方以"实用性"和"物质性"为主的造物观；从行为层面来看，这一时期的外销瓷仍是贵族和知识阶层专属，一方面是西方贵族阶级地位和财富的标志，另一方面塑造了知识阶层的庆典礼仪制度。

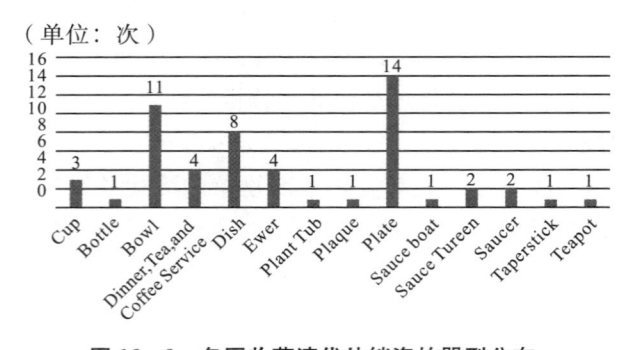

图 12-2　各国收藏清代外销瓷的器型分布

笔者进一步根据关键词在文本中出现的频次，选取词频高于3的关键词进行分析。如表 11-3 所示，从高频词不难发现，外销瓷以彩绘和纹章瓷为主，体现了欧美各国对地位彰显和尊贵富丽的需求。从物质层面来看，"彩绘""富丽装饰""金色""灰白绘制"等关键词揭示了洋料和西方技术大量输入和引进下，中西方的美术方式和造物艺术的交流和融合；就精神层面而言，关键词"留白"揭示了留白这一美术方式的对外输出，"中国式图案"和"欧洲装饰元素"的和谐共存体现了中国包容和谐、多元共存的民族精神，"洛可可风格"即西方在外销瓷的东方艺术风格影响下形成的艺术风韵，"成套服务的组件"揭示了西方以实用性为主的造物观，"美国国旗"等关键词揭示了美国定制外销瓷所传达的美国民族主义；从行为层面来说，"首字母""铭文""特别定制"揭示了西方市场购置外销瓷所体现的专制主义和阶级文化，即崇尚文明、追求高雅、彰显个人财富和社会地位。

表 11-3　各国收藏清代外销瓷描述文本的词频分析

关键词	词频	关键词	词频
彩绘/overglaze	34	特别定制/designed specifically	5
纹章/coat of arms	25	欧洲装饰元素/European decorative elements	5
描绘/depict	25	中国式图案/Chinese motifs	4
边缘纹饰/rim decoration	22	时尚的/fashionable	4
留白/simplified decoration	18	灰白绘制的/grisaille	4
富丽装饰/rich decoration	16	不寻常的/unusual	4
青花/blue and white	11	美国国旗/American flag	3
订制/order	11	荷兰/Dutch	3
成套服务的组件/piece of services	11	铭文/inscription	3
金色的/gold	10	成对的/paired	3
首字母/initials	8	分区装饰/paneled decoration	3
花卉/flowers	7	给中国的定制瓷样式/pattern for China	3
场景/scene	7	洛可可风格/Rococo-style	3
雕刻/engraving	6	卷轴/scrolls	3

第三节　中外文化风尚交流互鉴研究

前文通过外销瓷特色总结和关键词共现分析，从物质、精神和行为三个层面探究外销瓷蕴含的中外文化风尚的交流互鉴结果，在此基础上笔者进一步分区域对比欧美两个地区的中外文化风尚交流互鉴结果的差异。

一、中外文化风尚交流互鉴结果整体性研究

1. 物的交流层面

"珐琅（enamel）""粉彩（famille rose）""西方样式（westem shape）""银质附件（silver attachment）""绚丽的（florid）""亮绿色珐琅（brilliant green enamels）"等关键词揭示了中外物艺交流。"餐桌服务（table services）""形态、数量差异的成套定制（cnumber of forms、variety of foms）""正餐服务"（dinner service）"茶饮服务（tea service）"等均体现了外销瓷在西方市场的普及，以及其逐渐融入西方的各类仪式制度。笔者进一步结合单件外销瓷的特色总结（见表11-4），将外销瓷体现的"中外物的交流"总结为以下几点：

（1）陈设方面，西方学习并推崇东方的"对称美"，外销瓷定制往往是成对形式。

（2）工艺方面，西方（尤其是欧洲）崇尚饱满的艺术效果，外销瓷图案往往分区装饰。

（3）釉色方面，西方人热爱彩色元素，色调饱满，形式富态。

（4）使用方面，西方人偏爱定制成套瓷器，用于正餐、饮茶、咖啡，场合多为庆祝政治事件、个人职位升迁或结婚典礼。此外，西方同样拓展了瓷器的丧葬功用，主要进口石湾窑瓷器用于埋葬婴孩尸体。

表11-4 外销瓷描述文本总结

艺术风格	单件瓷器特色总结
西方定制	纪念政治事件、西方重要景观、海洋文明、广州十三行场景＋突出美国、纽约港场景＋庆祝政治成功、总统画像 老鹰＋战争与和平、太阳光芒＋荣誉与捍卫＋各州联合＋永恒、纪念总统、巴黎时尚风格、典型粉彩装饰＋突出纹章、签署独立宣言情景＋老鹰＋美国国父＋亚洲人特征

续表

艺术风格	单件瓷器特色总结
中西结合	中国人物、镶嵌附件、突出纹章、中国元素装饰＋家族纹章、家族纹章、中国人物场景 制茶过程＋西式边框、突出纹章＋留白艺术＋德国风格、突出纹章＋洛可可艺术＋留白艺术、中国风景＋脚踩祥云的八仙＋纹章、爱国主义和自由主义＋洛可可风格＋留白艺术、中国边框纹饰＋西方天使＋老鹰 突出纹章＋留白艺术＋老鹰、贸易交往密切＋名誉与公正、正餐套装＋留白艺术、突出纹章＋留白艺术＋就职仪式、结婚纪念＋餐饮套装
传统中国艺术风格	动植物、如意、边缘叶状卷轴
传统西方风格	代表仁慈的女性、河景、神化统治阶级、突出纹章、彰显西方国力

2. 精神价值交流层面

"中国狂热（Chinamania）""瓷器屋（porcelain room）""西方试制青花瓷（experimental blue and white production）"等揭示了欧美市场对清代外销瓷蕴含的东方文化和审美风尚的狂热和大量模仿，"政治事件定制（commemorative order）""神化统治阶级（apotheosis）""美国国父（Founding Fathers）""签署独立宣言（the signing of the Declaration of Independence）"等均反映了定制外销瓷蕴含的西方政治导向的文化思潮，"中式图案（Chinese motifs）""中国式伊万里（Chinese Imari）""中国风（Chinoiserie）"等反映了西方对中国美术风格的喜爱和融合。结合表 11-4 单件外销瓷的特色总结，笔者进一步将外销瓷揭示的"中外工匠的精神"概括为以下几个部分：

首先，清代本土外销瓷体现统治阶级主导的主流精神、文化和审美风尚，与国力兴衰和皇帝治国理念紧密相关。

其次，欧美定制外销瓷包含的西方元素有突出政治事件、政治任务和政治思潮等，其中包含的中国元素则以传统工艺、人物形象和美好寓意为主。

最后，艺术风格方面，以中西结合和西方定制为主，单纯的中国风格和西方风格为辅。

3. 制度的体现层面

"政府官员（government offifcial）"和"州长（governor）"为主的政治精英、"首席规划师（chief planner）"等表明清代外销瓷的主要受众仍是西方资产阶级和知识阶层，包括业界精英，以及军事人才、律师、富商、贵族家族等。

二、中外文化风尚交流互鉴结果分区域研究

笔者进一步根据外销瓷馆藏区域，将总文本拆分成欧美两个市场的外销瓷文本，并进行关键词共现分析，比较不同文化背景下中外文化风尚交流互鉴结果的异同。

1. 欧洲视野下中外文化风尚交流互鉴结果分析

购置外销瓷时，欧洲偏向色彩和花样繁杂的样式，釉色和装饰样式方面形成了以"rich decoration（繁华装饰）""paneled decoration（分区纹样）"为主的关键词聚类。另外，关键词聚类体现了欧洲定制外销瓷的特点，主要是"仿制现有玻璃制品、金属制品、样品等（derive）"，制作类型均为"纹章瓷（armorial porcelain）"，揭示特定的"场景（scene）"。同时，欧洲同样从对中国瓷器的狂热尊崇到推广实用器，主要用于"餐桌服务（table services）"。最后，欧洲馆藏外销瓷揭示了东西方艺术风格的融合，表现为以"风格衔接（stylistic connection）""欧洲装饰元素（European decorative elements）""叙事（subject matter）"为主的关键词聚类。进一步从物质、精神、行为三个角度展开，欧洲外销瓷揭示了以下几点中外文化风尚交流互鉴结果：

欧洲更为注重瓷器的陈设功能，瓷器销量扩大后逐渐拓展向实用器，丰富餐饮礼制；欧洲推崇中国风格和中国人物，同时保留西方风格；欧洲大多数国家喜爱饱满的西式风格，但德国更为崇尚东方的留白艺术；欧洲普遍注重神化统治阶级，推崇和平仁慈等意识形态；欧洲普遍注重突出家族纹章，彰显家族权势和地位；欧洲喜爱中国的制茶工艺，大量定制制茶工艺图样的外销瓷。

2. 美国视野下中外文化风尚交流互鉴结果分析

首先，美国订购成套瓷器进行纪念或者用于重要典礼和仪式的待客，以彰显自身或家族地位，形成的关键词聚类包括"现有最大套装（largest sets）""茶饮正餐服务（tea，coffee，and dinner service）""名字首字母纹章（initials）"。在美术方式方面，不同于欧洲市场，美国市场在模仿、追随欧洲"彩绘（overglaze）"美术方式的同时，大量接受了东方的留白艺术（simplified decoration）。在阶级层面，不同于欧洲市场，商人（merchant）和军人（lieutenant）成为美国市场外销瓷的主要定制者。具体而言，美国中外文化风尚交流互鉴结果包括以下几个部分：

美国普遍将瓷器作为重要场景的纪念品或待客用品，如用于婚礼、就职仪式等。美国崇尚自主定制和时尚风格，同时融合中西方典型元素。美国普遍接受东方的留白艺术。美国大多热爱美国符号（老鹰）、崇敬总统。

三、研究启示

上文使用内容分析法研究纽约大都会艺术博物馆收藏的欧美市场盛行的典型清代外销瓷。具体而言，笔者主要梳理提炼文本中的关键词，接着使用 Gephi 软件绘制关键词共现图，揭示关键词在文本中的内在联系。总体而言，本节揭示出中外物的交流以单向交流为主，主要是西方美术风格和造物思路的单向输入。从精神层面来看，中西方艺术风格通过定制瓷进行了充分的互动与融合，然而，定制外销瓷大多突出西方政治思想，仅保留中国装饰工艺和人物形象等审美元素。

参考文献

一、专著

阿纳蒂：《世界岩画·原始语言》，银川：宁夏人民出版社，2017年版。

埃弗雷特·M. 罗杰斯著，辛欣译：《创新的扩散》，北京：中央编译出版社，2002年版。

埃里克·麦克卢汉、弗兰克、泰格龙著，何道宽译：《麦克卢汉精粹》，南京：南京大学出版社，2000年版。

本尼迪克特·安德森著，吴叡人译：《想象的共同体——民族主义地起源与散布》，上海：上海人民出版社，2016年版。

常玉芝：《商代周祭制度（增订本）》，北京：线装书局，2009年版。

陈力丹：《精神交往论——马克思恩格斯的传播观》，北京：中国人民大学出版社，2016年版。

陈文璟：《元代绘画十讲》，北京：中信出版社，2017年版。

陈寅恪：《金明馆丛稿初编》，上海：上海古籍出版社，1980年版。

陈寅恪：《金明馆丛稿二编》，上海：上海古籍出版社，1980年版。

陈兆复、邢琏：《外国岩画发现史》，上海：上海人民出版社，1993年版。

陈智超：《明代徽州方氏亲友手札七百通考释》，合肥：安徽大学出版社，2001年版。

邓海军：《远古器物美学研究》，武汉：武汉大学出版社，2019年版。

杜晓军：《山东史前黑陶——鉴赏与收藏》，北京：民族出版社，2014年版。

段天璟：《二里头文化时期的中国》，北京：社会科学文献出版社，2014年版。

凡国栋：《金文读本》，南京：凤凰出版社，2017年版。

费尔迪南·德·索绪尔著，刘丽译：《普通语言学教程》，北京：中国社会科学出版社，2009 年版。

冯先铭：《中国陶瓷》，上海：上海古籍出版社，2001 年版。

冯小琦：《古代外销瓷器研究》，北京：故宫出版社，2013 年版。

弗雷泽著，汪培基等译：《金枝》，北京：商务印书馆，2012 年版。

盖山林：《中国岩画学》，北京：书目文献出版社，1995 年版。

高天麟：《黄河流域史前·夏商考古》，北京：社会科学文献出版社，2018 年版。

郭庆光：《传播学教程》，北京：中国人民大学出版社，2011 年版。

哈罗德·英尼斯著，何道宽译：《传播的偏向》，北京：中国人民大学出版社，2003 年版。

韩天衡：《历代印学论文选》，杭州：西泠印社出版社，1999 年版。

黑格尔著，朱光潜译：《美学》，北京：商务印书馆，2019 年版。

侯外庐：《中国古代社会史论》，石家庄：河北教育出版社，2000 年版。

胡玉康：《战国秦汉漆器艺术》，西安：陕西人民美术出版社，2016 年版。

黄宾虹、邓实编：《美术丛书（第二册）》，南京：江苏古籍出版社，1986 年版。

黄永年：《古文献学四讲》，厦门：鹭江出版社，2003 年版。

井中伟、王立新：《夏商周考古学》，北京：科学出版社，2013 年版。

匡景鹏：《宋元时期文人画中的文象关系研究》，北京：人民出版社，2021 年版。

雷吉斯·德布雷著，黄迅余、黄建华译：《图像的生与死》，上海：华东师范大学出版社，2014 年版。

李学勤：《青铜器入门》，北京：商务印书馆，2013 年版。

李学勤：《夏史与夏代文明》，上海：上海科学技术文献出版社，2012 年版。

刘淼：《沉船、陶瓷与海上丝绸之路》，北京：社会科学文献出版社，2016 年版。

露丝·本尼迪克特著，王炜等译：《文化模式》，北京：生活·读书·新知三联书店，1992 年版。

吕建中、胡戟：《大唐西市博物馆藏墓志研究》，西安：陕西师范大学出版社，2013 年版。

马衡：《中国金石学概论》，长春：时代文艺出版社，2009 年版。

马金玲：《陕西漆文化概览》，西安：西安交通大学出版社，2016 年版。

马强：《出土唐宋石刻文献与中古社会》，成都：巴蜀书社，2018 年版。

马歇尔·麦克卢汉著，何道宽译：《理解媒介：论人的延伸》，北京：商务印书馆，2000 年版。

梅彬：《海上陶瓷之路》，南昌：江西人民出版社，2016年版。

聂庆璞：《媒介哲学：媒介嬗变中的文明演进》，郑州：河南大学出版社，2004年版。

钱存训：《中国纸和印刷文化史》，桂林：广西师范大学出版社，2004年版。

秦小丽：《中国初期国家形成的考古学研究——陶器研究的新视角》，上海：复旦大学出版社，2017年版。

裘琤：《丹漆随梦：中国古代漆器艺术》，北京：中国书店，2012年版。

尚杰：《图像暨影像哲学研究》，北京：中国社会科学出版社，2016年版。

沈冠东：《叙事语言与时空表达：〈点石斋画报〉图像叙事研究》，镇江：江苏大学出版社，2018年版。

斯图尔特·霍尔编，徐亮、陆兴华译：《表征文化表象与意指实践》，北京：商务印书馆，2003年版。

宋耀良：《中国·史前神格·人面岩画》，上海：上海人民出版社，2015年版。

宋镇豪主编：《商代战争与军制》，北京：中国社会科学出版社，2010年版。

孙皓辉：《国家时代》，上海：上海人民出版社，2020年版。

孙新周：《中国原始艺术符号的文化破译》，北京：中央民族大学出版社，1998年版。

汤用彤：《汉魏两晋南北朝佛教史》，北京：商务印书馆，2017年版。

王立夫：《道与用——器物的逻辑》，北京：中央编译出版社，2020年版。

王文广：《中国古代碑之设计》，北京：荣宝斋出版社，2013年版。

温玉成：《中国佛教与考古》，北京：宗教文化出版社，2009年版。

巫鸿著，李清泉、邓岩等译：《中国古代艺术与建筑中的"纪念碑性"》，上海：上海人民出版社，2017年版。

许慎：《说文解字》，北京：中华书局，1978年版。

许兆昌：《夏商周简史》，北京：北京师范大学出版社，2016年版。

严志斌：《商代青铜器铭文分期断代研究》，北京：社会科学文献出版社，2014年版。

严志斌：《商代青铜器铭文研究》，上海：上海古籍出版社，2017年版。

杨晓能著，唐际根、孙亚冰译：《另一种古史：青铜器纹饰、图形文字与图像铭文的解读》，北京：生活·读书·新知三联书店，2008年版。

余春明：《中国名片：明清外销瓷探源与收藏》，北京：生活·读书·新知三联书店，2011年版。

余静贵：《生命与符号：先秦楚漆器艺术的美学研究》，北京：人民出版社，2019年版。

郁重今：《历代印谱序跋汇编》，杭州：西泠印社出版社，2008年版。

詹姆斯·W. 凯瑞著，丁未译：《作为文化的传播："媒介与社会"论文集》，北京：华夏出版社，2005年版。

曾玲玲：《瓷话中国：走向世界的中国外销瓷》，北京：商务印书馆，2012年版。

张光直著，印群译：《古代中国考古学》，北京：生活·读书·新知三联书店，2013年版。

张海林：《近代中外文化交流史》，南京：南京大学出版社，2003年版。

张荣：《古代漆器》，北京：文物出版社，2005年版。

张荣：《漆器形制与装饰鉴赏》，北京：中国致公出版社，1994年版。

张秀民：《中国印刷史》，上海：上海人民出版社，1989年版。

赵盼超：《元代画学研究》，北京：中央民族大学出版社，2014年版。

周宝荣：《走向大众：宋代的出版转型》，北京：中国书籍出版社，2012年版。

周亮工撰，印晓峰点校：《赖古堂印人传》，上海：华东师范大学出版社，2009年版。

朱剑心：《金石学》，杭州：浙江人民美术出版社，2015年版。

朱君孝：《陶器·技术·文化交流：以二里头文化为中心的探索》，北京：中国社会科学出版社，2020。

朱媛：《中国岩画审美之维》，上海：上海人民出版社，2013年版。

诸葛楷：《墨朱流韵：中国古代漆器艺术》，北京：生活·读书·新知三联书店，2000年版。

二、期刊论文

蔡显良：《论明代后期印学的尚意思想》，《书画艺术》2004年第2期。

陈道义：《汉代文字瓦当与砖文的装饰意味及其文化阐释》，《艺术探索》2008年第4期。

陈尚君：《陈寅恪先生唐史研究中的石刻文献利用》，《中山大学学报（社会科学版）》2000年第1期。

陈卫星：《传播与媒介域：另一种历史阐释》，《全球传媒学刊》2015年第1期。

崔林：《史前图像的媒介特性——媒介形态视野下的岩画研究》，《中国新闻传播研究》2016 年第 2 期。

崔悦：《二里头与陶寺文化传播态势比较研究》，《文物鉴定与鉴赏》2022 年第 9 期。

邓启耀：《物象的图像化及符号转型：载以岩画的创制和解读为例》，《民族艺术》2015 年第 5 期。

邓乔彬、李杰荣：《赵孟頫与元四家之变》，《东南大学学报（哲学社会科学版）》2010 年第 6 期。

丁正：《略论印章边款的审美价值和学术价值》，《佛山大学学报》1996 年第 1 期。

韩建业：《论二里头青铜文明的兴起》，《中国历史文物》2009 年第 1 期。

何忠礼、郑瑾：《略论宋代类书大盛的原因》，《浙江大学学报（人文社会科学版）》2003 年第 1 期。

洪湛侯：《类书的文献价值》，《文献》1980 年第 3 期。

胡光华、李书琴：《论绘画材质之变与元代山水画观念和技术之变》，《南京艺术学院学报（美术与设计版）》2007 年第 1 期。

胡易容：《传播研究的符号学范式、流派及观念》，《内蒙古社会科学》2020 年第 6 期。

胡易容：《论图式语符的元媒介悖论》，《中国图书评论》2013 年第 8 期。

胡翼青、马新瑶：《作为媒介性的可供性：基于媒介本体论的考察》，《新闻记者》2022 年第 1 期。

黄惇：《论"印从书出"、"印外求印"——兼谈书法对印章艺术的影响》，《南京艺术学院学报（音乐与表演版）》1984 年第 2 期。

金惠敏：《技术与感性——在麦克卢汉、海森伯和庄子之间的互文性阐释》，《文艺理论研究》2015 年第 1 期。

李白坚：《雕版印刷术的发明：一个漫长的历史过程》，《上海大学学报（社会科学版）》1990 年第 4 期。

李慧斌：《王者之风：〈集王圣教序〉与唐代书法史一个断层的重建》，《中国书法》2019 年第 20 期。

卢康华：《"微型碑刻"：明清以来印章边款的文学性及文学史料价值探讨》，《文学与文化》2013 年第 4 期。

潘祥辉：《传播史上的青铜时代：殷周青铜的文化与政治传播功能考》，《新闻与传播研究》2015 年第 2 期。

冉令江：《论"提按"用笔与唐楷之演变——以欧、褚、颜、柳及千唐志斋所藏唐楷墓志为例》,《中国书法》2020年第10期。

孙锦泉:《华瓷西传对欧洲的影响》,《四川大学学报(哲学社会科学版)》2001年第3期。

王菡薇:《元代文人画中的"隐喻"表达》,《南京艺术学院学报(美术与设计)》,2016年第3期。

王新中:《论史前人类的历史交往》,《西北大学学报(哲学社会科学版)》2000年第4期。

王宜涛:《半坡仰韶人面鱼纹含义新识》,《文博》1995年第3期。

夏南强:《类书分类体系的发展演变》,《华中师范大学学报(人文社会科学版)》2001年第2期。

徐杰舜:《视觉人类学与图像时代——中山大学邓启耀教授访谈录》,《民族论坛》2015年第3期。

应岳林:《印刷术在中国的起源、发展及在亚洲的传播》,《复旦学报(社会科学版)》1994年第2期。

张玉春:《元代宫廷院体绘画衰落探因》,《美术研究》2004年第4期。

张濯清:《宋元日用类书的类型、编纂特色及其价值》,《中国出版》2016年第16期。

赵星植:《论元媒介时代的符号传播及其特性》,《四川大学学报(哲学社会科学版)》2017年第3期。

朱家濂:《从碑刻看初唐书法》,《文物》1959年第8期。

朱天曙:《明末清初印人身份的变迁及其背景初探》,《西泠艺丛》2016年第3期。

三、学位论文

毕秀洁:《商代铜器铭文的整理与研究》,华东师范大学,2011年。

陈龙:《秦云纹瓦当美学思想研究》,陕西师范大学,2018年。

崔宗亮:《二里头文化与周边地区考古学文化交流研究》,郑州大学,2011年。

方芳:《宋代印刷文献研究》,辽宁大学,2012年。

高良:《论夏代器物的审美特征》,苏州大学,2008年。

侯立新:《关中唐代碑刻研究》,陕西师范大学,2014年。

柯昌华:《关中地区汉代瓦当"四神纹"浮雕艺术研究》,西安美术学院,2012年。

刘雯:《汉代文字瓦当装饰研究》,景德镇陶瓷学院,2013年。

卢花:《汉代瓦当的审美研究》,西北大学,2012年。

毛磊：《陕西地区秦汉云纹、动物纹瓦当纹样研究》，郑州大学，2014年。

庞倩：《陶器即媒介：对史前陶器文明的另一种诠释》，兰州大学，2015年。

申云艳：《中国古代瓦当研究》，中国社会科学院研究生院，2002年。

王利伟：《宋代类书研究》，四川大学，2005年。

王迎迎：《史前甘青地区人物形陶器研究》，兰州财经大学，2022年。

吴文清：《两周中原与楚文化视野下的器物工艺比较研究》，山西大学，2011年。

张锦辉：《宋代雕版印刷与文学传播研究》，陕西师范大学，2011年。

张岩：《刻帖的兴起与"书法经典"的形成》，中央美术学院，2019年。

后　记

传播学在 1997 年正式列入国家教育部高等教育学科目录。经过一年的酝酿筹备，清华大学于 1998 年建立了传播系，并决定先从硕士阶段切入教学。按当时的学科归属，一级学科是"新闻与传播学"，二级学科分别是"新闻学"与"传播学"。清华大学当时在传播学下面设立了三个研究方向对外招生：新媒体研究、影视传播、媒介管理。我一直认为，一个学科的构成由史、论、方法、应用四个方面构成，而史是根本、基础。当时我主持传播系的日常工作并兼任新媒体传播中心主任，在新媒体方向，我们设立了四门专业课程：媒介发展史、新媒体研究、传播学研究方法、数字媒体设计。

按研究生培养计划，三个研究方向的所有学生第一个学期的基础课是"媒介发展史"，由我负责这门课程的讲授。我是 1994 年从美国获得博士学位后到清华大学工作的，1996 年在清华大学人文学院建立多媒体艺术研究中心，同年开始在历史系指导专门史方向的研究生，主要关注媒介的发展历史，并在中文系给编辑专业本科生上"媒介发展史"的课程。1998 年"媒介发展史"转为硕士课程后，我对教学大纲和讲授方法做了大的调整。

当时设定的教学目标是：通过课程学习，要求学生懂得传播媒介的基本概念、主要特点和发生及发展过程，理解各类媒介在传播发展史中的地位和作用，并掌握基本的研究方法和资料来源，为今后自己独立从事与传播媒介相关的教学和科研工作奠定基础。在能力培养方面：培养学生的综合研究能力，包括文献查询的能力、社会调查的能力、课堂演讲的能力、论文写作的能力。教学理念是：完善知识结构，培养学术兴趣，提升研究能力，鼓励创造精神。总之，完成从就业目标向完善知识结构、培养学术兴趣的转化，从强调记忆力到强调创造力的转化，从以讲授和总结为主到以启发和探索为主的转化。

美国的媒介史主要以美国历史为背景，偏重报纸出现以后的历史；西方的媒介史以西方文明史为纲，印刷术从古登堡开始。本课程在传播学进入高等教育学科目录后开始设立，属原创性设计。因此，我们的教学内容坚持古今贯通、文理交叉、中西结合，时间涵盖五千年，范围兼顾东西方，包含各类媒介产生和发展的历史。教学模式上，以网络课件为基础，以印刷教材为辅助，以社会考察为延伸，以课堂交流为主体，着重培养学生的独立思考、批评精神、创新愿望和务实态度，帮助学生尽快完成从本科生到研究生的过渡，为独立从事研究工作奠定基础。

这门课自 1996 年起，在清华大学已经开设了 30 年。开始是本科课程，1998 年以后是硕士课程，从 1996 年到 2020 年是我主讲，2020 年以后是从德国留学回来的吴璟薇副教授主讲。这门课教学效果很好，不仅列入精品课程，而且在教学评估中一直排名全校史论课的前 5%。学院教师评价：上过"媒介发展史"的学生特别好用。学生在评教中反馈：历史原来并不枯燥，学到做学问的方法，作业很有技术含量，锻炼学生研究能力。我为课程撰写的教材《媒介史纲》2011 年由清华大学出版社出版，被各大高校采用为专业教材和考研参考书。

2021 年我被四川大学聘为文科讲席教授，分别在四川大学历史文化学院和文学与新闻学院指导博士生。为了给我指导的博士生开设专业课，同时兼顾两个学院的学术背景，我把在清华讲授的"媒介发展史"课程加以改造，在川大开设了 4 个学分的课程：媒介史与文化传播。从"媒介发展史"的硕士课程到"媒介史与文化传播"的博士课程，我延续了对传播学这门综合交叉学科的史、论、方法、应用四个方面逻辑关系的认知，根据博士生培养的需求对课程内容和教学方法做了一些改革。

因为已经有出版了的教材《媒介史纲》，博士课教学更多是从研究深度和研究方法上进行培养。所以我在每学期的第一次课上，即提出一些媒介历史与文化传播领域尚未有结论的难点、热点或空白点，供同学们作为自己本学期的选题。讲课分为两条线，一条是我按照《媒介史纲》的发展脉络进行串讲，结合教材和博物馆参观、考古现场考察讲解媒介历史和文化传播中的最新发现和热点话题。这条线的讲课大纲如下：媒介与传播（万物皆媒）；文化与文明（文化存异，文明趋同）；史前媒介（烽火、结绳、岩画）；非言语传播（物体、身体、时间、空间）；语言与文字（口语、拉丁文与象形文）；甲骨（文字与占卜）；夏陶（纹饰与图案）；商铜（金文与战事）；周漆（绘画与图腾）；秦简（简牍与经文）；汉瓦（瓦当与汉砖）；唐碑（书法与碑帖）；宋版（雕版与装帧）；元画（水墨与诗文）；明印（篆刻与印谱）；清瓷（装饰与款识）。从物质的符号体系、精神的价值体系、行为的制度体系入手，讲述媒介形态与文化传播之间的关系。第二条线通常是从第三周开始，带着博士生们，从他们在指定范围内选题入手，如何发现真问题，如何破题，如何找突破点、创新点，如何修改文章结构，如何选择和发现案例，如何寻找提炼数据，如何分析论证并最后提炼推导出自己的原创性观点和结论，包括成文的学术规范。

2021年9月，"媒介史与文化传播"一课在四川大学开课，四年来，选课学生主要来自历史文化学院（旅游学院、考古文博学院）和文学与新闻学院（新闻学院、出版学院）的博士生同学。在课堂上，按照不同的时代进行划分，老师和同学们一起讨论了从口语媒介、文字媒介到印刷媒介发展的不同阶段及各时代媒介文化的典型代表物，尤其以不同时代的媒介为连接点，探讨该时代的媒介文化特点、不同地域之间的交流，进而横向比较同一时期相似媒介在国内外不同文化背景下的发展和体系建设，纵向比较同一类型的媒介在不同时代发展沿袭的历史逻辑。

《媒介文化的历史逻辑》是媒介史课程从本科阶段到硕士、博士阶段的一个发展结果。媒介是载体，历史和文化是我们思考的两个维度。本书的所有篇章都是在"媒介史与文化传播"的课程教学过程中完成的。从严格意义上说，这是师生的共同作品，是我在川大四年博士生教学的一个总结。在川大教学期间，罗明志副教授作为我的学术助手，全程参与了课堂教学、课外考察以及与同学们的交流讨论，包括对文章的后期修改；博士生同学陈振鹏、闫艳、徐子涵、叶进、谢诗慧、李慧茹、孙艺嘉、周野、王淳、王子木、朱航、郝金华、霍婷婷贡献了他们的课程作业并参与了后期修改；谢诗慧同学做了大量的编辑工作，在此，向以上所有老师和同学表示感谢。同时也特别感谢四川大学出版社张宏辉总编辑和本书责任编辑老师的辛勤付出。

熊澄宇

2025年1月